市民力ライブラリー

協働広報の時代

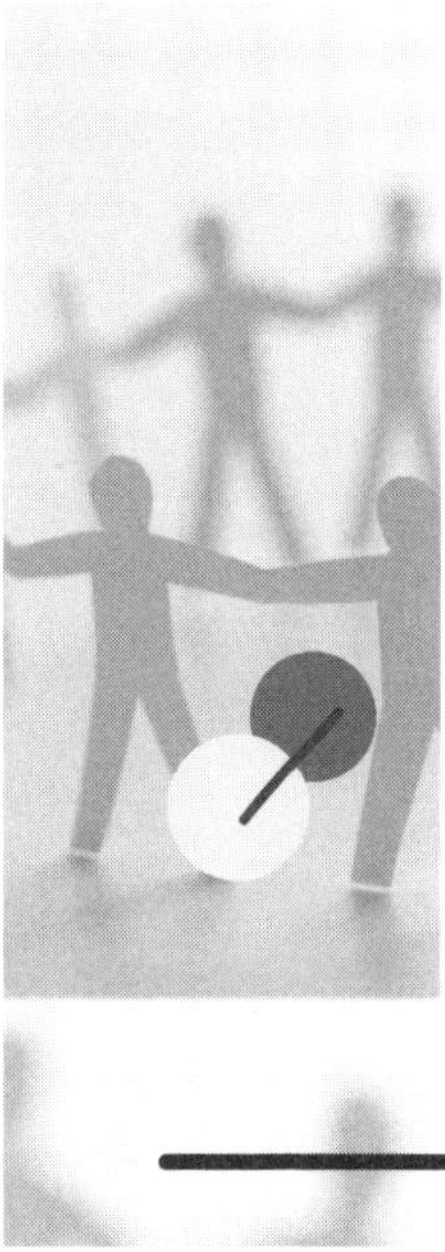

宮田 穣●著

萌書房

〈市民力ライブラリー〉の刊行によせて

近年とみに、価値の流転が著しい。主権国家ですら、その存在意義が問われる時代にあって、政府と市民の関係も変容を免れない。豊かさの指標が、人の温かさや思いやりにまで広がってきたこととも関係するが、政府と市民の関係を二項対立的にとらえるだけでは、市民の豊かな暮らしは創れない。対峙するだけでなく、ある時は協力、協調し、またある時は競争、競合するといった、重層的・複合的な関係性のなかでとらえていく必要があるだろう。これは市民にとって、自らの力が試されることでもある。こうした市民の力を発掘し、育むのが、〈市民力ライブラリー〉である。

市民力の同義語は、民主主義だと思う。私たちは、民主制社会に暮らしているが、アテネの昔から、この制度は扱いが難しい仕組みである。気を抜くとあっという間に崩壊し、人々を傷つけることになる。民主制が有効に機能するには、市民一人ひとりの自律性と、共同体の事柄を我がことのように思う貢献性が求められるが、民主主義のありようが問われている今日だからこそ、市民力を基軸に新しい社会を創っていこうではないか。

〈市民力ライブラリー〉と銘打ったのは、今後も継続するということである。市民にとって有用な知識や知恵を間断なく提供し続けたいと思う。それには、持続可能なシステムとたゆまぬ努力が必要になる。商業出版であることを意識し、その強みを活かしたと思う。

〈市民力ライブラリー〉であるから、論者は研究者にかぎらない。さまざまな市民力の書き手が現れることも期待している。

二〇〇九年五月

松下啓一

はじめに

二〇一一年は、東日本大震災が日本社会に大きな影を落とした年だった。広報との関わりで最も印象に残ったことは、原発事故に絡む東京電力の行った広報活動のまずさである。

原子力に関わる広報活動は、東京電力に限らず半世紀にもわたる歴史があり、莫大な費用をかけて続けられてきた。しかし、その結果として今回明らかになったことは、ひたすら原子力の安全神話を社会に刷り込ませることに終始するものであり、またそれゆえ情報開示が恣意的に行われ、社会全体にとって有益なものにならなかったという事実である。

広報というものは、ある意味難しい。金さえかければうまくいくというものではない。時代を冷静に見つめ、コミュニケーションを理解し、社会にとってどのような価値をもたらすかを常に考えることが、広報の担い手には期待される。このような思いを背景としながら、これからの時代に求められる広報のあり方について、本書を通して考えていきたい。

ところで、「広報」という言葉を聞いて、皆さんはどんなイメージを抱くだろうか。イメージそのものが出てこない人も少なくないに違いない。

Aさんのイメージ。「広報って、PRのことでしょ。PRは宣伝。だから、広報は宣伝のようなもの」。それを受けて、Bさんのイメージ。「でも、宣伝って広告のことだから、ちょっと違うかもしれない。そういえば、金のかからない広告って聞いたことがあるなあ」。

さらにCさんのイメージ。「毎月、広報紙がポストに入っているよね。市が広報紙を作って配ること」。補足するDさんのイメージ。「広報紙だけでなくて、いろいろなお知らせのチラシ、パンフレットも入るよね。ホームページもそうかなあ」。

Eさんのイメージは別の視点からである。「不祥事を起こしたとき、企業のトップや知事、市長が記者会見で頭を下げているよね。それも広報と関係があると思う」。

だいたい以上のイメージの中に、多くの人が描く広報イメージは納まってしまうのではないだろうか。

広報という考え方が日本に導入されたのは、第二次世界大戦の直後である。一般的には、連合国軍総司令部（GHQ）が日本の民主化を意図し、戦勝国であるアメリカから学んだとされている。結構古いのである。

しかしながら、半世紀以上が経過した現在に至っても、多くの人に共通のイメージや概念が共有されているとはいい難い。「広告」という言葉と比較してみるとわかりやすい。広告は、新聞広告、テレビCM、インターネット広告など、関係するメディアとともに、その理解が多くの人に共有されている。大学で専門科目として「広報論」「広告論」をともに担当しているが、学生の描くイメージの差はいうまでもなく、広報は「?」である。なぜそうなってしまったのかは、「戦後広報史」の中で後述したい。

本書では、未だイメージが共有されていない広報という考え方について整理した上で、日本における「戦後広報史」を振り返りながら時代の大きな流れとともに、現在または今後に向けて広報に期待されている方向について述べたい。その中で「協働広報」という新しい概念がいかに生まれ、これからの時代にどのような意味を持っているかに力点を置く。

そして、この考え方を理解する上で参考となるいくつかの事例を見ていきながら、「協働広報」に関わる多様な存在、関係、意味について具体的なイメージを膨らませていきたい。「協働広報」という視点に立つことにより、それぞれバラバラな従来の広報イメージが刷新されること、新たなフェーズから将来を展望できることを期待している。広報イメージが刷新されることは、考え方だけではなく、手法、そしてその担い手も刷新されることを意味している。その意味で、本書は現在の広報の関係者、実践家、研究者へ大胆な問題提起をすることにもつながる。

本書の構成は、起承転結にのっとっている。第1章では、現在の立ち位置から「広報とは何か」について、改めて考え方を整理した。第2章では、広報の戦後史を振り返りながら時間軸の中で広報の役割について整理し、「協働広報」の定義など考え方を明らかにした。そして、第3章では、その理解を具体的にイメージしやすくする上で、現時点でも継続している四つの最近の事例を紹介し、協働広報の意味を改めて確認した。第4章では、これからの協働広報を支える柱となる視点をまとめとして述べ、その担い手について補足した。前半は考え方の説明が中心となるため、少々退屈かもしれない。歴史に関心がある場合は、第2章からスタートしても構わないし、最初に具体的な事例を知りたい場合は、第3章から入っても一向に構わない。協働広報は新しい概念ゆえ、それぞれがとっつきやすい方向からアプローチしてほしい。

また本書は、単なるノウハウを並べた実践書でもなければ、いわゆる学術的な研究書でもない。筆者の民間企業や地域活動での実務経験を思考の前提として踏まえながら、コミュニケーション学に関わる大学院や学会での広報に関わる議論を通して、できる限り応用範囲が広く、現実的な有用性が見いだせる「手掛かり」のようなものを形にすることを心がけた産物といえる。そのため論理の緻密さに欠ける部分が見られるかもしれないが、ご容赦いただきたい。何よりも、広報に関わるさまざまな現場において、日々走りながら格闘している多くの方々のお役に立てることを願い、執筆したつもりである。

ともあれ本書は、これからの時代の中で、コミュニケーションを軸に、人と人や組織をつなぎ、社会の多様な課題に対して仕事を通して解決を願う多くの人々と、思いを共有するためのメッセージを込めたツールである。学生からシニアまで、そのような思いを共有したいと思っていただける方々に読者になっていただけると、著者として望外の幸せである。

二〇一一年九月

宮田　穣

協働広報の時代＊目　次

協働広報の時代

第1章　広報とは何か

1　広報の基本

広報の定義

まず、未だイメージが共有されていない「広報」という言葉について考えていきたい。

「広報」とは、PRすなわち、Public Relations のことである。ただし、宣伝、広告、Advertising ではない。PRは直訳すると、「公衆との関係づくり。公衆関係」となる。ちなみに中国語では「公共関係」と表現される。まさに直訳である。「公衆」はいいとしても、「関係」が何を指しているのか、ピンとこない人は多いだろう。

「広報」の定義にはさまざまなものが存在するが、以下が最も代表的なものといえる。

「パブリック・リレーションズとは、組織体とその存続を左右するパブリックとの間に、相互に利益をもたらす関係性を構築し、維持するマネジメント機能である[1]」。

これは、パブリック・リレーションズの考え方が生まれたアメリカで現在も広報のテキストとして、広く大学などで活用されている書籍の最新版に掲載されている定義である。

この定義のポイントは、「相互に利益をもたらす関係性を構築」することであり、「維持するマネジメント機能」である。もう少しわかりやすく補足すると、企業や、行政、NPOなど大小さまざまな組織が、それぞれに関わりのある利害関係者（企業であれば、顧客、従業員、株主、取引先など）と、双方が利益を得られるWin-Winの関係を作り上げることが、広報に期待される役割だといえる。そして、苦労して築き上げた関係を、ある時期だけに終わらせず、できるだけ永く維持できるような工夫を行い、できればより良い関係に発展させられるような働きかけを行ったり、仕組みを作ったりすることだと、上記の定義から読み取ることができる。

対人関係になぞらえれば、恋人や友人、家族といかに良い関係を作り上げられるか、また年齢を重ねても工夫をしながら、いかにその関係を維持していけるか、このようなことに関わる考え方、行為すべてが「広報」なのである。広く捉えれば、広告も広報誌もチラシもホームページも関係するし、記者会見のような場、イベントも深く関わっている。

ただ、よくある間違いが、広報＝メディア（づくり）という見方である。広報が関わるメディアは多様だが、あくまで広報の目的を達成するための道具にすぎない。どんな立派な道具を作っても、それを目的にかなうように活用したり、相手がうまく受け止めてくれなかったりしたときは、良い関係は作れないのである。しかし、現実にはそのようなメディアをうまく作ることが広報の仕事だとする誤解が、多くの企業や自治体などに見られる。「広報講座」が開かれることは少なくないが、その内容をよく見てみると、文章の書き方であったり、チラシの作り方であったり、ホームページの制作に関する知識であったりする。もちろん、広報の仕事を進めていくためには基礎スキルとして文章力やメディアの知識は必要である。しかし、それはあくまで広報の仕事の必要条件の一部でしかないことを忘れてはいけない。

では、広報にとって何を大切にしなければならないかを一言でいえば「広報マインド」である。「広報マインド」とは、広報の基本的な見方、考え方、姿勢そのものだが、その点について、さらに述べていきたい。

広報マインドとは

「広報マインド」は一部の業界人やある職種のみに必要な資質ではない。程度の差こそあれ、誰にとってもさまざまな対象とコミュニケーションを取る上で必要なものである。なぜなら、結論からいってしまえば、「広報とは信頼関係を創造すること」だからである。

社会において何かをするとき、また生活していくこと、生きていくこと、それ自体が信頼関係を必要としている。誰もが大なり小なり社会と無関係では生きていけないからだ。しかし、必要だとわかっていても、現実の中で信頼関係を築くことは簡単ではない。それなりの考え方と技術、経験が伴わなければ、仮に信頼関係を一時的に築くことができても、容易に崩れてしまう。誰もが知っているような大企業の不祥事や行政の不正行為を持ち出すまでもなく、自分の職場や友人、家族との関係を振り返ってみれば、信頼関係を創造し維持することの難しさがわかる。一方、不信感を作ることはすぐにでもできるのだが。

とにかく、「広報マインド」を家族であれ、職場であれ、さまざまな組織において共有できれば、信頼関係が築きやすくなる。そして、それぞれが「広報マインド」を理解し、常に意識し行動することにより、企業、行政、NPOといった社会におけるさまざまな組織体で、良好な関係が創造される。また、組織の中でそのような関係構築に直接関わり、良好な関係を維持し、組織の主要な目的、目標に向かって、全体を推し進めていく役割を担う存在が「広報パーソン」である。単なる記者発表で説明するスポークスマンや広報紙（誌）の担当者ではなく、もっと総合的に組織と深く関わっていく存在といえる。

では、広報マインドと信頼関係のつながりについて、もう少し踏み込んで考えてみたい。まず、個人であれ、組織であれ、信頼してもらうには相手に自らのことを正しく理解してもらう必要がある。そのためには、直接自己紹介すること、プロフィールを読んでもらうこと、また別の人から紹介してもらうことなど、いろいろ考えられる。重要なことは、相手が知りたいと思う情報を可能な限り開示することである。良いことも悪いことも、自分の都合でより分けず開示することが大切である。どんな人、組織でも、一〇〇％良いことだけで成り立っているはずはない。自分を振り返ればわかる。もし、仮にそうだとすると、かなり気持ちが悪いものである。また、意外な側面ばかり目につくと、それが不信感につながってしまう。とにかく、「情報開示」は広報の最も中核となる機能といえる。

相手に理解してもらうために次に必要なことは、相手の疑問に答えることだ。情報開示が大切だからといって、関心もないことを一方的に相手に押しつけても無意味である。余計な情報が多すぎると、肝心な情報が伝わらず、相手との意識のギャップが大きくなるだけである。相手の関心のあることや疑問に対して、相手の視点に対し、相手が求める適切な方法で「対話」することが重要である。この点は意外に難しい。それは、相手が多くなればなるほど難しくなるからである。さらに、相手との共通点が少なくなればなるほど難しくなる。たとえば、世代や言葉、文化の違いが対話を難しくしがちである。

相手にある程度理解してもらい、疑問もほぼ解消できた。これで信頼関係が築けるかといえば、まだ十分ではない。さらに必要なものは、相手との間にある「何か」である。それはモノやサービスであったり、形のない「期待」「価値観」、共通の「思い出」であったりする。ちょうど、チームで行うスポーツをイメージするとわかりやすい。ともに甲子園を目指す仲間、日本代表、……といった感じである。一言でいえば「協働」といった関係性であり、その中で生み出される「何か」が関係を太く強くする。そして、その結果生まれる信頼感が強いチームであればあるほど、高いパフォーマンスが発揮され、良い結果につながる。

このような一連の信頼関係づくりに、広報はさまざまな場面で関わっている。そして、「広報マインド」が関連するさまざまな活動を支え、さらに活動を通してより質の高い「広報マインド」に成長していく。

広報マインドの基本は、「情報開示、対話、協働」であり、その順序性に意味がある。また、このような見方、考え方、姿勢は誰にとっても必要なものであるとともに、一定規模以上の組織において、推進役としてこれらを展開していく担い手にとって仕事のベースとして、より高いレベルで広報マインドが求められるのである。

では、現在またこれからの時代において「広報マインド」を支えていく基本的な考え方を、次に詳しく述べていきたい。

2　五つの広報コンセプト

「広報とは信頼関係を創造すること」。このような理念に基づき、「広報マインド」を支える考え方について、五つのコンセプトに分けて見ていきたい。それは、ステークホルダー、メディアエコロジー、マネジメント、パートナーシップ、そしてコミュニケーションの五つである。

また、回りくどいようだが、それぞれの説明に入る前に、少しだけそれらを理解する前提について触れておきたい。広報のスタイルは、組織の置かれている状況によりさまざまである。組織規模、組織構造、業界や業種、プロフィットかノン・プロフィットか、展開する国や地域、文化など、実にさまざまな条件の中で、広報スタイルのあり様が決まってくる。そして、どれが正解

図1－1　5つのコンセプトの関係

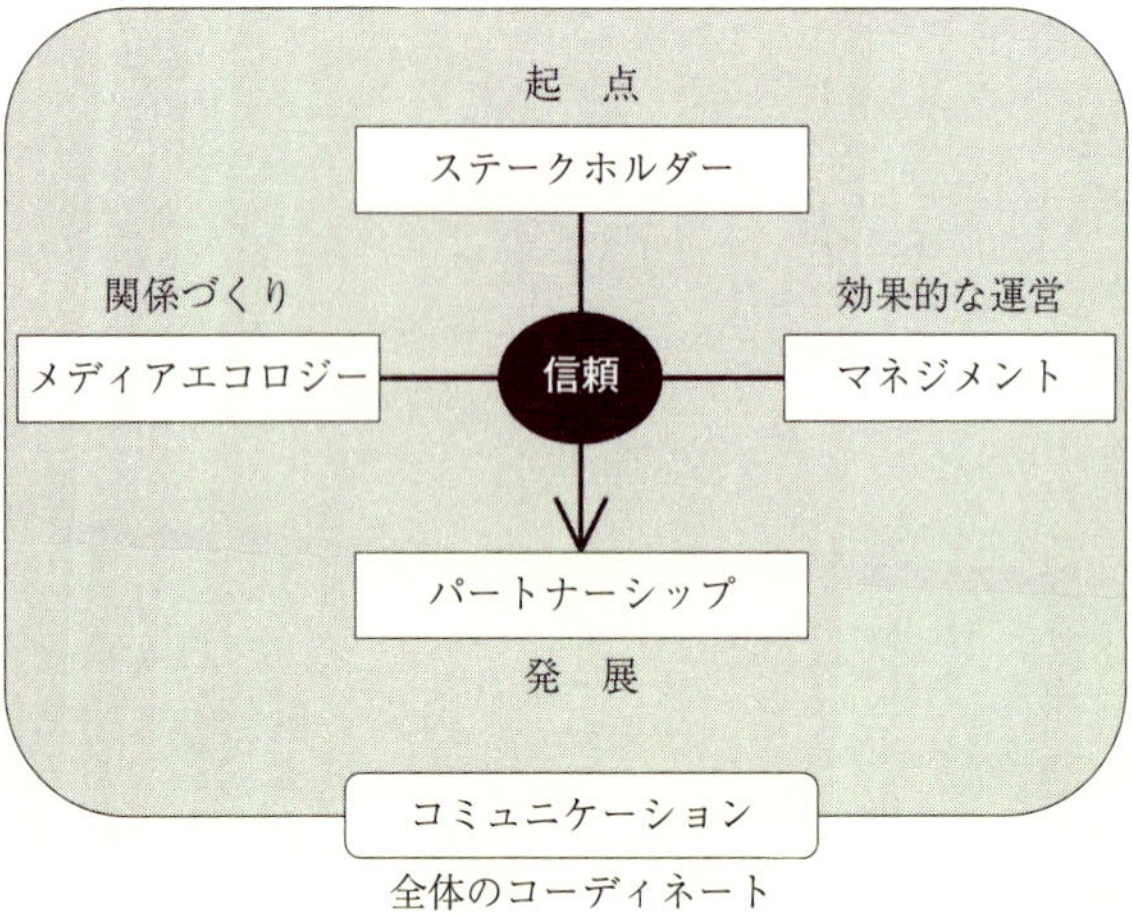

であり、不正解だというものではない。信頼関係を創造するためには、いろいろなスタイルや手段の選択があって当然である。しかし、それぞれが目指す広報の目的に向けて、その効果を最大化させる上で、考える方向、取るべき姿勢は共通している。これから述べていく基本的なコンセプトとは、どのような組織においても、広報に関わる上での基本となる共通認識、姿勢をイメージしている。

では、最初に後述する五つのコンセプトの関係について全体像を示しておくと、**図1－1**のようになる。

ステークホルダーは、広報の基本の中で、起点として位置づけられる。誰に対する関係づくりをイメージするのかが明確でないと始まらない。そして、メディアエコロジーの視点に立ち、相手との関係を築き上げていくことになる。その際、メディア特性を踏まえたメディア選択や連携だけでなく、効果を最大化させ継続的な運営につなげていくためのマネジメントが重要になってくる。このような三つの視点に基づき、信頼が徐々に形成され、パートナーシップという関係に発展することで、より高い次元にまで信頼関係が到達する。コミュニケーションは、このような信頼関係を構築し維持していく上での全体をコーディネートする機能として捉えている。それぞれが、広報の目的達成に向けて結びつき、一つのストーリーを描いていくことにより、広報活動の完成度を高めていくことにつながっていく。では、以下それぞれについて詳しく述べていく。

ステークホルダー

組織であれ、個人であれ、コミュニケーションしようとするとき、まず考えなければならないことは、「誰に対して」コミュニケーションするのかである。このことは、わかりきっているようでいて、意外に奥が深いポイントである。たとえば、広報紙（誌）を作成するときメディアのことばかり考えていると、いったい誰が読者なのか曖昧になることが多々ある。ニュースリリース一つ取ってみても、経済部の記者が読むのか、それとも社会部なのか、また女性雑誌の編集者なのかで、求められる情報ニーズが大きく変わってくる。相手を見極め、それにふさわしい内容を届けることが大前提である。

広報紙（誌）やニュースリリースといった特定の場面を想定した広報活動に限らず、どのような広報活動であっても、相手があり多様である。組織として企業を前提に考えるとき、そのコミュニケーション対象として、身近なところから挙げていくと、従業員、顧客、株主、取引先などが一般的にイメージできる。さらに範囲を拡大していくと、地域社会におけるさまざまな存在、その中でもＮＰＯ、行政機関、議員や専門家など、さらに広がっていく。このような対象は「ステークホルダー（利害関係者）」と呼ばれているが、広報活動において、次のような極めて重要な二つの意味を持っている。

一つは、ステークホルダーは多様であり、その関係は複雑に絡み合っているということである。そして、そのバランスをいかに取っていくかが、広報活動の質に大きく関わってくるという点である。企業組織まで拡大しなくても、自分自身を振り返ってみればよくわかる。たとえば、四〇代のＡさんは、企業で広報課長の役割を担っている。家庭に帰れば、中学生と高校生の子どもがいる父親でもある。また、八歳の柴犬の飼い主でもある。地域活動に積極的に参加していて、週末にはＮＰＯの仲間と環境問題に関わる会議に参加したり、エコツアーの企画を立てたりする。

今年は、輪番制による町内会長も担当している。彼にとって、ステークホルダーは極めて多様である。しかし、いつも会社の持ち帰り仕事ばかりに追われていると、家族から非難の声が出てくる。また、地域活動にたまにしか顔を出さないと、次に参加しづらくなってしまう。このように見てくると、それぞれの利害関係者との信頼を継続していく上で、いかにバランスが大切であるのかがわかる。企業もまったく同じである。

もう一つは、組織の規模が拡大すればそれだけ、ステークホルダーの数が多くなり多様になっていくという点である。中小企業のステークホルダーは限られているが、グローバルに活動している大企業のステークホルダーは幅広い。行政機関で見ていくと、市町村が関わるステークホルダーと県や政令指定都市が関わるステークホルダーとは大きく異なる。このことは何を意味するのだろうか。それは、その組織が社会へ及ぼす影響力の違いであり、逆にいえば社会から受ける影響力の大きさの違いである。たとえば、日本のある地域で大地震が起きたとすると、その地域に関係のない中小企業であれば直接的な影響を免れることができる。しかし、全国に支社を置きビジネスを展開している大企業であれば、その地域の顧客や取引先、支社で働く従業員など、さまざまなステークホルダーに影響が出てくる。あるグローバル企業が不祥事により破綻したとき、その影響を被るステークホルダーは計り知れない。ちょうど、二〇〇八年にウォール街に端を発した世界金融危機をイメージすれば、よくわかるだろう。

つまり、ステークホルダーとは、単なる多様なコミュニケーション対象にとどまらず、ある組織が社会と関わる程度により様相が大きく変わるものであり、そのバランスの取り方次第で社会との信頼関係を大きく左右するものだといえる。

なお、近年留意しておく必要がある点を補足しておくと、ここ一〇年あまり存在感を増してきたステークホルダーとしてNPO、そして「発言する個人」といった存在との関係である。自由な社会的役割意識に基づくNPOの急増は改めて指摘するまでもないが、「発言する個人」の存在はインターネットでのコミュニケーションを通して増幅され、その存在感は高まり続けている。二〇〇〇年代に急速に広まってきたソーシャルメディア、たとえばブログ、SNS、ツイッターなどは、コミュニケーション・ツールとして普及するとともに、浸透するプロセスの中で個人をエンパワメントする社会的な役割を発揮し続けている。

つまり、それぞれ組織属性に伴う多様な存在として向き合うだけでなく、それぞれの属性を超えた個々がさらに重層的なステークホルダーとして立ち現われ始めてきたのが、現代のステークホルダー風景なのである。

メディアエコロジー

次に、どのように信頼関係を築いていくかを考えてみよう。前項で少し触れたように、相手が知りたいと思う情報を可能な限り開示し、相手の関心のあることや疑問に対して、相手の視点、相手が求める適切な方法で対話すること、そして相手との間にある「何か」を、協働を通して共有することが求められる。

関係づくりには、さまざまなメディアが関わってくる。現代は、今までの歴史の中で生み出されてきた多様なメディアが消えることなく重層化したメディアが混在する時代といえる。このような多様化し複雑化するメディア状況をメディアエコロジー(2)という考え方から捉えてみたい。

エコロジー（ecology）は、主に生態学で使われる言葉である。直訳すれば「棲み分け」となる。つまり、メディアエコロジーとは、メディアの棲み分けを意味する。このことは、さまざまなメディアの存在を前提としており、それをいかに使い分けていくかに等しい考え方である。もう少し踏み込んでいくためには、一九九〇年代以降の日本におけるメディア環境の変容を、まず押さえておく必要がある。

かなり単純化していえば、一九八〇年代までは、社会で活用されているメディアには、新聞・ラジオ・テレビ・雑誌といったマスメディアと、手紙や電話、ＦＡＸ、直接対話などのパーソナルメディアに大きく分けることができた。不特定多数を対象に、社会に広くかつ大きな影響を及ぼしていたのはマスメディアであり、日常的にある一定の関係者の範囲で活用されていたのがパーソナルメディアといえる。さらに、メディアごとに特性が明確にされており、通常それぞれ独立して機能していた。たとえば、テレビと新聞を比較すると、速報性ではテレビの有効性が認められていたが、ニュースの正確さや解説性では新聞への信頼が上回っていた。このように、一九八〇年代までは社会においてマスメディアの影響力は大きく、またそれぞれのメディア特性に応じて明確な棲み分けがなされていたといえる。多くの人は、その前提の中で生活していた。

しかし、一九九〇年代初頭にアメリカを中心にインターネットが一般に普及し活用されてくると、メディア環境は再編を強いられることになってきた。日本では一九九四年にインターネットの商用化が始まり、それまでのパソコン通信の時代とは比べものにならないほど、IT化の浸透とともにコミュニケーション・メディアとして、インターネットが浸透していった。

インターネットはメディア特性として、ある面ではマスメディアに匹敵する機能を持つ一方、他の面ではフェース・トゥー・フェースのメディアとしての機能も併せ持つ活用範囲の幅広いメディアだといえる。このことは、従来からのさまざまなメディアに対して、大きな影響を及ぼすことになった。

図１－２　1990年代以降のメディアの棲み分けイメージ

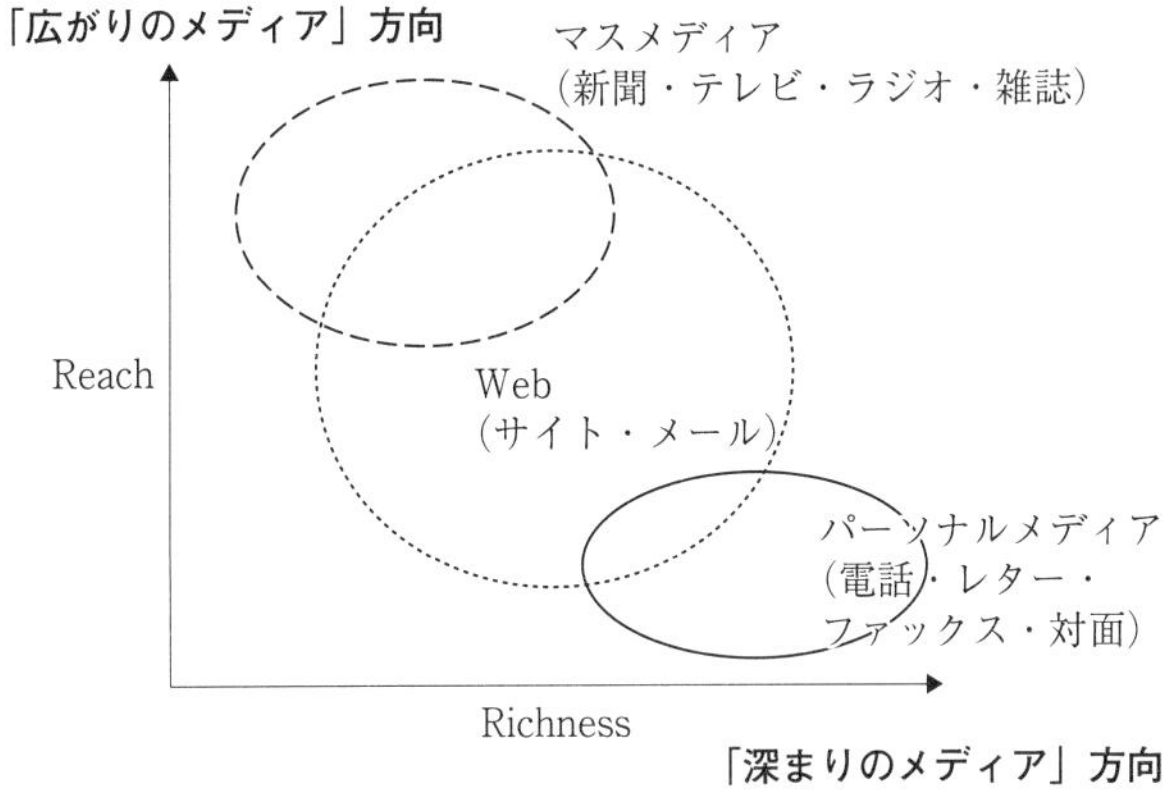

まず、メディアの棲み分けに「重なり」ができることで、それぞれのメディア連携がしやすくなった。つまり、インターネットをうまく組み込むことで、従来できなかったことがいろいろできるようになった。たとえば、マスメディアで投げかけたメッセージへの反響をインターネットで受け止めたり、ある一連のイベントを特定の地域で終わらせず、インターネットを通じて全国一斉に発信し時間をかけて話題づくりを行ったりと、いろいろな展開ができるようになった。そして、インターネットを活用することにより、個人やさまざまな組織が「発信者」として一定の影響力を発揮できるようになった。このことは、マスメディアの従来独占してきた「発信者」としての役割が揺らいできたことを意味する。企業はマスメディア

に頼らなくても、ある程度までは独自のＷｅｂサイトを通して、顧客に語りかけることができるようになったのである。

このようなメディア環境の再編が、日本において一九九〇年代中頃を節目として、広くしかも急速に浸透していき、メディアの棲み分けの様子が**図１－２**のように大きく変わっていった。

図を簡単に読み解いていくと、「広がりのメディア」方向とは、対象となる数や範囲が上に行くに従ってより大きな広がり（Reach）を持つことを意味している。一方、「深まりのメディア」方向とは、コミュニケーションできる内容や手がかりの詳しさ（Richness）が右に行くに従ってより増していくことを意味している。真ん中の広いエリアを占めるＷｅｂは、二つの軸の特性を併せ持ち、マスメディアやパーソナルメディアとの重なりを持っていることを示している。

メディアエコロジーの考え方としては、以上のような一九九〇年代に進行したメディア環境の変容を踏まえ、広報の立場から次のように受け止めていくことができる。

それは、多様なステークホルダーに対して、それぞれの情報ニーズや目標とする関係づくりに向けて、多様なメディアを効果的に使い分け、また連携させることにより、効果を最大化させていくことである。

重要なことは、「メディアありき」の発想をしないことである。また、「オールマイティ（万能）のメディアはない」ことをしっかり認識することである。つまり、相手や状況に応じて、いかに適切なメディア選択を行い、コミュニケーション効果を上げていくかという発想を心がけることが大切である。いくらインターネットを活用することで幅広いコミュニケーションができるからといって、Ｗｅｂだけですべてができるわけではない。Ｗｅｂも多様なメディアの一つであり、そのメディア特性を他のメディアと連携する中で、いかに引き出せるかが広報力に直結する。

マネジメント

広報におけるマネジメントとは、ステークホルダーとの関係づくりのダイナミックなストーリーの循環である。ただし、その循環は、らせん状に発展していくことが望ましい。冒頭に挙げた広報の基本テキストによると、次のような四つの基本ステップによりストーリーが示されている。

ステップ１：パブリック・リレーションズの問題点の明確化
ステップ２：計画立案とプログラム作成
ステップ３：実施とコミュニケーション活動
ステップ４：プログラムの評価

この流れは、いわゆる仕事の基本であるＰＤＣＡとほぼ重なっている。すなわち、ステップ２

（Plan）→ステップ3（Do）→ステップ4（Check）→ステップ1（Action）となる。そして、ステップ1がステップ2'へと、さらにつながっていき、このループが発展的に回っていく中で、広報課題はより高度になっていくと考えられる。

各ステップを、詳しく見ていきたい。

まず、ステークホルダーとの関係づくりにおいて、何が主要な課題なのかを見極めることが重要である。顧客に全く知られていないことが問題なのか、悪い噂が問題なのか、問題のありようで方向が異なってくる。このステップ1でのポイントは、プライオリティ（優先順位）を明確にすることである。課題は丁寧に見ていけば限りなく挙げられる。その中で、たとえば主要な上位三つに注力するような判断が求められる。

次は、主要課題の解決に向けて、計画を立て実行の流れを明確にしていくことが大切だ。認知度を上げることを優先させるのか、それとも誤解を解くことが求められているのか、そして、どのようなプロセスで解決につなげていくのかを現実的に考えることである。このステップ2でのポイントは、現実的に考えることだ。認知度を上げるといっても、たとえばステークホルダーすべてに対応できるわけではなく、その中でのプライオリティを明確にしたり、予算や時期により妥協したりすることが求められる。

そして、実行計画に基づいて、実行していくステップ3に入る。状況に応じて、軌道修正したり、微調整したりするなど、柔軟な実行がこのステップでのポイントである。

最後のステップ4では、それまでの評価が行われる。この部分がしっかり実施できないと、発展的な次へのループにつながらない。このステップ4の重要なポイントは、ステップ2での計画をしっかり検証することである。結果オーライではなく、予想以上に効果が出たときも、なぜ予想以上だったのかを明確にすることが大切である。

行政広報におけるマネジメントの取り組み状況を見ると、意外と評価がなされていないことが多い。それは、予算化し実行することに重点が置かれすぎて、問題が不明確なまま、とにかく多くの予算を確保すること、それを予定調和的に消化することに意識が働きすぎているためだと考えられる。このようなマネジメント状況を取り続けていくと、ステップ2とステップ3のループのみがいつものように繰り返されるだけで、発展することはありえない。その意味で、ステップ4をしっかり組み込み実施し、次なる課題を明確にしていくことが、現状において行政広報ではとくに求められる。

パートナーシップ

この視点には、ある一定の信頼関係の構築が前提となっている。全く知らない相手とパートナーを組むことはありえないし、知っていたとしても不信感に満ち溢れている相手とパートナーシップを築くことは難しい。

つまり、相手を理解するための一定の時間的な蓄積が必要であり、その間の対話、やり取り、共通体験の質が重要だ。そして、パートナーを組む相手は、いうまでもなくステークホルダーであり、パートナーシップは高い次元の継続的な信頼関係の成立といえる。次の事例に少し触れながら、具体的に考えてみたい。

日本で「ノンフロン冷蔵庫」が開発されたプロセスには、パートナーシップが深く関わっている。パートナーとして登場するのは、企業として松下電器産業（現パナソニック）とNGOのグリーンピース・ジャパンである。

一九九〇年代まで、日本では家電の冷蔵庫にはフロンが利用されていた。ところが、地球環境問題への世界的な意識の高まりに伴い、廃棄するときにオゾンホールの原因となるフロンの使用を見直そうという動きが世界的に広まってきた。その中心的な推進団体がグリーンピースである。そして、グリーンピースが開発したグリーンフリーズ技術により、一九九二年にドイツでノンフロン冷蔵庫が開発され、ヨーロッパやオーストラリアで急速な広がりが見られるようになった。それを受け、グリーンピース・ジャパンは、一九九三年「日本にもグリーンフリーズを！」というキャンペーンをスタートさせた。ところが、急進的な環境保護団体に大きな抵抗感がある多くの日本企業と同様、松下電器産業は当初その要望に反発を強め、なかなか開発は始まらなかった。しばらく対立は続いていたが、グリーンピースの強い働きかけにより、一九九六年EUではフロンや代替フロンを利用した冷蔵庫に対し、基準改訂が行われた結果、環境性能レベルを明示するエコラベルの不適格が示されると、グローバル企業として同社は方針を転換した。そして、一転し松下電器産業からグリーンピース・ジャパンに開発意向が伝えられ、ようやく協力関係が進み始めた。

コスト面も含めた想像を超える困難を乗り越え、ようやく二〇〇一年に商品が完成し、日本初のノンフロン冷蔵庫の発売に至った。翌年には他の日本メーカーも追随し、ノンフロン冷蔵庫が広く一般の支持も獲得し、徐々に常識となっていった。

この開発プロセスには、双方のパートナーシップが不可欠だったが、立場の異なる組織が共通の目標を掲げ動き出したときに、新しい何かが誕生する。

このようにパートナーシップにより、ステークホルダーは多様に関わり合い、時間とともにその関係は変化していく。このような信頼関係づくりが、高次の広報活動といえる。そこには、単なる情報のやり取りだけではなく、一定の時間とともに蓄積される共通体験が存在する。

そして、このようなパートナーシップを成立させ、信頼関係づくりにつながる取り組みを展開していくためには、とくに二つの重要なファクターが必要である。一つは、仕組みを企画する力であり、もう一つは関係をつなぐ存在つまり「つなぎ手」である。ここでは詳しく述べないが、高次の広報活動において、個別のメディアに直接関わる企画だけではなく、イベントも含めた統合的な企画が重要である。また、多様なステークホルダーとの関係を取り結ぶためには、組織を超えて人と人を多彩に紡いでいき、立場を超えて一つの目標に向かって全体を推進していく存在が不可欠である。

コミュニケーション

さいごに、広報の基本コンセプトのまとめとして、広報視点による「コミュニケーション」に対する考え方を述べておきたい。

まず、自分自身の定義として「コミュニケーションとは、相手との関係を築き、お互いを変えていく行為、仕掛けである」と捉えている。

コミュニケーションには、一般的にさまざまな捉え方がなされる概念である。人と人との対話を中心に考える場合も多い。一方、情報開示や問い合わせ対応などといった機能の一つとして考えられる場合も少なくない。しかし、今まで見てきたように広報を「組織体とその存続を左右するパブリックとの間に、相互に利益をもたらす関係性を構築し、維持するマネジメント機能」という大きな視点で捉えるとき、コミュニケーションを、広報活動全体を支え、そこで行われるさまざまな関係づくりの取り組み全体をコーディネートしていくものとして考えるとわかりやすい。

つまり、「相手との（信頼）関係を築」くすべてのことに関わるものが広報として必要なコミュニケーションだといえる。

そして、信頼関係を築くだけではなく、それを継続していくことが広報の役割として、さらに求められる。この章では、広報の基本として、「ステークホルダー」を明確にした上で、「メディアエコロジー」の観点から関係づくりの最大化を図るとともに、「マネジメント」の観点から関係が継続的に維持され、より良くなっていく仕組みづくりの必要性について述べてきた。そして、高次の関係づくりとして「パートナーシップ」の意義を発展的に捉えてきた。このように、広報視点におけるコミュニケーションは一つの流れとして捉え、発展させていく見方が重要である。

このような流れでコミュニケーション全体を考えたとき、目指すべき成果イメージをどのように考えることができるだろうか。それは、お互いがコミュニケーション全体を通して変わることだといえる。

まずステークホルダーの立場から考えると、組織のことを認知し理解することが前提として求められる。そして、自分の関心に応じて対話することで理解が深まっていく。さらに対話を繰り返し、ある程度安定性のある信頼関係が継続的にできてくると、パートナーとして心理的な距離が近づいていく。その組織やそれに関わるすべてが自分にとって無視できないものになり、当事者意識を持ちつつ親しみを覚え、逆に厳しく評価できるようになる。このようなプロセスを通して、相手との関係によりステークホルダー自身が変わっていく。一方、組織の立場から考えてみると、ステークホルダーとのやり取りを通して、ステークホルダーについて理解を深めるとともに、その反映としての組織自身への客観的理解も深まっていく。そして、より高次な関係、すなわちパートナーシップが成立する関係までたどり着けたとき、組織のことを理解しかつ厳しく評価してくれる存在を得ることにより、組織も自己変革できていく流れができてくる。このように、組織とステークホルダーとの信頼関係づくりの一定のプロセスを通して、お互いが相手を通してより良く変わっていくことにつながり、その結果お互いの信頼関係はさらに深まっていくといえる。

以上のように、冒頭に述べた定義を広報の全体像として理解することができる。
さいごに、広報の基本として、はずしてはならないポイントを以下列挙しておきたい。
1　ステークホルダーの多様性を踏まえ、個々のステークホルダーを見極めること。
2　メディアは手段であり、使い分けや組み合わせの最適化を意識すること。
3　ステークホルダーとの関係づくりを継続する仕組みとして捉えること。
4　信頼関係をより高次にしていくには時間が必要なこと。
5　コミュニケーションの目指す目標は、お互いがどれだけ変わったかであること。

3　メディア発想と関係性発想

「広報とは、信頼関係を創造すること」という捉え方、また「広報マインド」として情報開示、対話、協働が基本的な柱であることを踏まえ、広報の基本コンセプトをそれぞれ上述してきた。

ここで、はたと感じることはないだろうか。広報をはじめコミュニケーションに関わる仕事には、メディアが不可欠である。メディアエコロジーの考え方についてはすでに触れたが、広報にとってメディアは「道具」にすぎないと、簡単に済ませてしまっていいのだろうかと、とくに広報関係者は思うのではないかと推察する。

そこで、現在およびこれからに向けての広報にとって、メディアが持つ意味について少し述べてみたい。

メディア偏食

まず前提として押さえておく必要があるのは、われわれの身の周りには多様なメディアがすでに溢れているという事実である。

マスメディアであれば、新聞、雑誌、ラジオ、テレビの四媒体をはじめ、Ｗｅｂは不特定多数を対象としたＷｅｂサイトにおいてマスメディアに匹敵する役割をすでに果たしている。その一方で、個人の発信によるＷｅｂ活用としては、ブログやＳＮＳ、ツイッターなどツールが増え続けている。端末についても、パソコン、スマートフォンを含む多様なケータイだけではなく、ゲーム機までも利用されている。

従来から当たり前のように活用されてきたチラシ、パンフレット、ポスターなど紙媒体のほか、通話やＦＡＸなどの通信、そしてさまざまなイベント、対話を軸とした対人コミュニケーションと思い浮かべれば、パーソナルメディアは限りなく出てくる。

これらの状況を眺めてみると、メディアは一度社会に登場すればなくなることはなく蓄積されていく。部分的には代替機能として、テレビから動画サイトへというように、より便利なものに乗り換えが見られることもあるが、従来からあるオールドメディアが消失することはない。それは、それぞれのメディアには、他では代えがたいメディア特性が宿っているからだ。

使い手から見れば、選択肢が増え続けていくことになる。このことは良いことばかりではない。メディア活用の偏在が生じることにつながるからだ。限られたメディアを社会で共有している時代においては、そのメディアの果たす機能は想定通り発揮され、使い手もそれを当たり前のように受け入れてきた。しかし、現代においては、世代間でのメディア経験に差異が生じており、日常的なメディア接触行動も異なっている。

メディア活用を食事になぞらえるとわかりやすい。現代の日本社会では、社会が豊かになり、多様なものが食べられる時代に生きている。好きなものだけを食べ続けることもできる。しかし、コミュニケーション活動は社会的な活動であり、自己完結しない。同じものを食べ続けている仲間であれば共有しやすいかもしれないが、伝統的な日本食を食べ続けている人たちには、ファストフードを好む世代となかなか共有できない部分がある。もっとも、好きなものばかり食べていると栄養が偏り、健康を害してしまう。つまり「メディア偏食」が生まれやすい現状にあるといえる。

このように考えると、できるだけコミュニケーション・ギャップを生まないようにするためには、二つの方向がイメージできる。一つは、受け手はできるだけ「偏食」しないようにバランスのある食事に努めることで、コミュニケーション手段に幅、応用力を持たせておくことである。もう一つは、送り手として、多様なメディアを棲み分けさせつつ連携させる工夫を行うことである。それによって、幅広い対象にリーチしていくことができるのであり、メディアエコロジーの考え方が生きてくる。

好むと好まざるとに拘らず、現代はこのような時代なのだ。そして、このような時代特性を意識したとき、従来は「いかに素晴らしいメディアを作り、活用するか」が関心の中心であった広報の仕事は、必然的に「目標とする関係を相手と築いていくためには、相手の状況を踏まえながら、どのようなメディアを活用していくか」へと関心が移っている。近年、メディア選択と期待効果とが容易に結びつかない状況から、メディアの効果がよく問われる背景にも、以上のような多様なメディアに満ち溢れている現代ゆえの悩みがあるといえる。

複雑化する情報の流れ

メディアが持つ現代性のもう一つの意味として、「発言する個人」に象徴されるように、情報の流れが複雑化してきたことが指摘できる。ソーシャルメディアを通して、さまざまな個人により、さまざまなレベルの発信が行われている。マスメディアに代表されるように、大きな組織から小さな個人に向けて、情報が一方向的に流れる状況が様変わりしつつある。つまり、組織規模に限らず、社会における情報流通が多方向化しているとともに、発信者が必ずしも固定化していないということになる。そして、どのような発信者であれ、情報のリアクションを想定した発信が前提となり、そのやり取りを通して共有化が進められ、その結果として関係が築かれていく。情報の中身が従来以上に問われ、その展開の仕方次第により、社会への影響力が変わってくる。

以上のように考えてくれば、広報に対する見方としてこれから発想転換が必要な視点は、メディア発想から関係性発想へ向かうことである。

先述したように、現在日常的に活用できるメディアは多様化しており、ブロガーに限らず個々人のレベルでも発信者として社会的な活動ができる環境にある。また、ある小さなエピソードでも、話題性があればインターネットを通じて増幅され、さらにマスメディアで取り上げられることも少なくない。

たとえば、従来の行政広報では、広報といえば立派な広報紙（誌）やホームページを作成し、それを適切に運営することに重点が置かれたり、企業広報であればパブリシティや多様な取材対応に適切に答えることで、いかにマスメディアに露出させたりできるかが主に問われてきた。

しかし、現在は特定のメディアを前提に広報を考えるのではなく、どのステークホルダーに対して、どのような目的にかなう広報活動を展開し、どのような関係を構築していくのか、さらにその関係をいかに継続していくのかが求められている。つまり、どのような目的で、誰を主対象に広報活動を組み立てていくかを押さえておけば、適切なメディア選択は必然的に導き出されてくるといえる。このように、広報において考える比重が、「メディア」から「関係」へと大きく変わってきたのである。

関係性発想についてさらにいえば、ステークホルダーを意識する必要性が高まってきているともいえる。従来のマスを一律に扱った情報発信ではなく、相手のことを十分把握し、その情報ニーズを押さえた上で適切な内容を、適切な手段でセグメントされた相手に伝えることが、必然的に求められる。これを間違えると、企業不祥事での不適切な対応のように、火に油を注ぎかえってディス・コミュニケーションが生まれてしまうことにもなりかねない。広報に求められるレベルは、従来より数段高いところに現在あるといえる。

4　広報の定義再考

冒頭で、現在アメリカで共有されている広報の一般的な定義を紹介した。それは、以下のものである。

「パブリック・リレーションズとは、組織体とその存続を左右するパブリックとの間に、相互に利益をもたらす関係性を構築し、維持するマネジメント機能である」。

この定義以外にも日本の研究者により、それぞれ拠って立つ視点に応じ多くの定義が存在する。情報開示を強調するもの、情報発信とその浸透、双方向コミュニケーションの仕組み、社会への適応に着目したものなど多岐にわたる。ここで、一つひとつ紹介することは避けるが、現在においてもなお広報というイメージが曖昧なままである理由として、時代状況に応じ広報への見方や期待が変化してきたとともに、現段階では広報学が日本において未成熟であり体系的な学問になりえていないことが背景にあるといえる。

広報の再定義

そこで、これからの時代における広報を展望していく上で、冒頭で紹介したアメリカで一般化している定義に加え、上述してきた考え方を踏まえ、自分なりに以下のように再定義したい。

「広報とは、その組織体とステークホルダーの間に信頼関係を創造し維持する機能であり、社会的利益にかなうものである」。

主に変更した点は次の通りである。

「パブリック」は全体性のある概念のため、個々の属性や個々人の特性を意識した関係づくりを発想する上で「ステークホルダー」を明示する必要があると考えたからである。

「相互に利益をもたらす関係性を構築」は利益の意味が曖昧なため、明確に「信頼関係の創造」とした。

そして、補足した「社会的利益にかなうもの」については、次のようなこれからの時代に求められる社会のイメージに基づいている。

それは、「サステナビリティ（Sustainability 持続可能性）」という時代認識に伴うキーワードを手掛かりとして考えていきたい。

この言葉は、最近になって比較的聞かれるようになったが、重要な二つの視点が組み込まれている。一つは「次世代に対する責任」であり、もう一つは社会の中で共生するための「バランス感覚」である。

「サステナビリティ」の誕生については、一九八〇年代後半、国連の「環境と開発に関する世界委員会（WCED）」が提出した報告書（のちに *Our Common Future* 邦訳『地球の未来を守るために』として出版）に明記された次の定義が原点となっている。

「持続可能な開発とは、将来の世代が自らのニーズを充足する能力を損なうことなく、今日の世代のニーズを満たすこと[(3)]」。

地球環境問題に言及するまでもなく、現代社会を広く覆っている不安は、次の世代につながっている。このままいくと、現在の生活が維持できないだけでなく、生活環境が破壊されてしまうのではないかという深刻な不安までも意味している。五〇年、一〇〇年先といっても、自分の子ども、孫の世代が過ごす時代であることは間違いない。つまり、子どもや孫の世代が困らないために、今手を打たねばならないことは何なのかといった「次世代に対する責任」を常に考えることが、サステナビリティの本質といえる。

このような考え方に立つとき、最も大切な価値観は、限られた資源や食糧、エネルギー、その他生活に必要なすべてのものを、一定の制約条件の下でシェアすることである。つまり、さまざまな利害関係者がお互いの立場や状況を理解し合う中で、ある部分は譲り合うような関係を築くことである。それを可能にするためには、まさに多様な利害関係者の間で、信頼関係をどこまで築くことができるかにかかっており、そこでは共生のための「バランス感覚」が何よりも問われることになる。

この共生意識の意義を別の観点から提起している考え方が、SR（Social Responsibility 社会的責任）であり、これからの社会の基本ルールとして、その広がりが期待されている。

SRについては、ISO26000規格として国際的な標準化に向けた動きが二〇〇一年より進められており、二〇一〇年一二月に発効された。これからの広報を時代の変化の中で考える上で、重要な視点がこの規格には示唆されているので、少し踏み込んでみたい。

SRと広報

このSR規格化への取り組み姿勢には、SRの精神が凝縮されており、これからの社会に期待される価値観として受け止めることができる。一つは「マルチステークホルダー」によるコンセンサス・ルールである。これは、六つのステークホルダー（産業界、政府、労働、消費者、NGO、その他有識者）による合意が得られるまで議論を尽くすことである。時間はかかるが、合意内容はすべてのステークホルダーに対し強制力を持つことにつながる。もう一つは、「エンゲージメント」すなわち各ステークホルダー間の対話と協働により、これからの社会的課題への解決を図るという考え方である。これらの発想の背景には、従来のように行政にひたすらサービス力を高めることを求めたり、社会的影響力のある企業のSRに期待したりする方向ではなく、それぞれのステークホルダーが役割と責任を意識し、主体的に協力関係を築いていくことが前提となる。そして、個人（市民）も主体的なステークホルダーの一人として、SRの精神から社会へ積極的に関わっていくことが求められる。

SR規格には他にも重要な視点が多く含まれているが、これからの社会におけるステークホルダーに対する見方として、またこれからの時代の中で広報をイメージするにあたり、以上の視点を前提として理解しておく必要がある。

広報の再定義として補足した「社会的利益にかなうもの」が意図する点は、個人レベルにまでステークホルダーを意識するとともに、それぞれが社会全体を支えていく主体であり、お互いがその責任を担うという点である。このような社会的意味をしっかり踏まえることは、これからの広報には不可欠であり、無視することはできない。

次章では、第二次世界大戦後から現代までの広報史を振り返り、本書のメインテーマである

「協働広報」が時代の中でどのように育まれ、登場してきたのか、またその意義について述べていきたい。

注

（1）このテキストの邦訳版として、以下が出版されており、その定義を引用した。スコット・M・カトリップ、アレン・H・センター、グレン・M・ブルーム／日本広報学会監修『体系・パブリック・リレーションズ』ピアソン・エデュケーション、二〇〇八年。

（2）メディアエコロジーは、以下のメディア・リッチネスに関する研究にヒントを得てまとめられた考え方である。Trevino, L. K., Lengel, R. H., & Daft, R. L., (1987) "Media Symbolism, Media Richness, and Media Choice in Organizations: A Symbolic Interactionist Perspective," *Communication Research*, 14 (5), pp. 553-574.

（3）一九八〇年代後半、国連の「環境と開発に関する世界委員会（ＷＣＥＤ、ブルントラント委員会）」が提出した報告書にて示された定義。この報告書はのちに *Our Common Future* 邦訳『地球の未来を守るために』として出版された。

第2章　協働広報の登場

1　戦後広報史

前章では、「広報とは何か」について、現在の立ち位置およびこれからの時代イメージの中で考えてきた。

そこで本章では、まず日本の戦後史の中で広報がどのように理解され、受け止められてきたかを行政広報、企業広報に分けて見ていく。そのプロセスを通して、これからの新しい広報のキー概念である「協働広報」について、詳しく述べていきたい。

行政広報の戦後史

日本の本格的な広報の歴史は、行政広報から始まった。

第二次世界大戦後、占領下の日本においてＧＨＱの地方出先機関である軍政部により道府県庁に対し、一九四六年一二月、ＰＲＯ（Public Relations Office）を設置するよう示唆がなされた(1)。政府からの命令や指示ではなく、ＧＨＱの軍政部による示唆（サゼスチョン）という曖昧な形ではあるが、日本を民主化し新たな社会づくりを進めていく上で、戦前の上意下達の隣組制度のような仕組みではなく、行政機関が新しい制度などを国民に広く知らせ、また国民の声を広く聴くといった民主主義の基本を普及させる意図から、ＰＲＯが徐々に地方行政機関へ導入されていった。

行政広報が導入された起点においては、広報（ＰＲ）の考え方として、国民に広く伝える「狭義の広報」だけでなく、国民の意見を広く聴く「広聴」も含まれていた。しかし、実質的には「狭義の広報」としての「お知らせ広報」が主流を占め、「広聴」が具体化されることはほとんど見られなかった。

一方、広聴活動については、国によって「世論調査」として別途切り離された形で進められていった。日本に導入された広報は、地方行政機関において初期段階から「お知らせ広報」に偏っ

た形で進められ、また国と都道府県の広報への取り組みは一九五〇年代までは分断または分立された状態だったといえる。(2)

GHQによる占領統治が終わり、高度経済成長が始まる一九六〇年代に入ると、広報の主要機能である広報と広聴の統合への意識が芽生え始める。また、国の広報への取り組みとして、一九五九年「政府広報強化基本方針」に基づき、翌年総理府広報室が設立された。この背景には、国から都道府県への機関委任事務の遂行が七〜八割を占めているため、国の政策を周知・遂行するためには地方自治体が強力な伝達チャネルになるといった認識があった。そして、政府・都道府県・市町村の垂直的統合が、一九六〇年代急速に進んでいく。

さらに、高度経済成長期はテレビの急速な普及に代表されるように、マスメディアの発展が目覚ましく、広報活動においてマスメディアとの関わりが表出してきた時期でもあり、広報手段に大きな影響を及ぼし始めた。この時代は、革新知事が多く誕生した時期でもある。革新知事は自治意識が高く、住民との対話を重視するなど、広聴活動の重要性を認識していた。

高度経済成長が終焉した後の一九七〇年代は不況の中、「地方の時代」として地方自治体は個性的な地域づくりによる自立を迫られることになる。そして、この時代の自治体広報において、期待されることは住民参加であり、それを促す情報公開である。別の言い方をすれば、「市民」

を広報活動の中にいかに組み入れていけるかが重視されてきた。

一九九〇年代は、行政広報にとっていくつかの点で大きな転換点になる。一つは、インターネットの普及である。自治体においては行政広報の主要メディアの一つとしてホームページが位置づけられ、一九九〇年代末以降インターネットが実質的に活用されていく。自治体により活用への工夫はさまざまだが、狭義の広報面でも広聴面でも住民などとの双方向メディアとして定着していく。

一方、住民側もインターネットを通して自治体に対して積極的に問い合わせや意見を表明し、また主要な行政情報収集ツールとしても活用していくようになる。ある意味で、行政と住民をはじめとしたステークホルダーの位置関係は少しずつ対等に近づいていき、一方住民参加における管理的な色彩が薄らいでいった。

もう一つは、一九九五年一月に起きた阪神淡路大震災を契機に広がっていったＮＰＯの活動や住民の意識や行動の変化であり、それが自治体に大きな影響を与えることになった。一九九八年にはＮＰＯ法が施行され、ＮＰＯは自治体広報に欠くことのできないステークホルダーの一つとして、その存在を確かなものにしていった。他にも、バブル経済崩壊以降続く不況による自治体の税収減に伴う財政難など、自治体広報の変化に影響を与えている要因が挙げられる。

二〇〇〇年四月には「地方分権推進一括法」が成立した。これにより、自治体は国からの機関委任事務が法定受託事務となり、自治体の事務事業は質、量ともに大きく変化した。

自治体広報は現在、単に多様なステークホルダーとコミュニケーションするだけではなく、「自律」に向かって市民やNPO、企業などその地域経営に関わるステークホルダーとの「協働」に踏み込み、新たな広報スタイルを模索している段階にある。

以上のような行政広報の戦後史を簡単にまとめると、PROが導入された起点において、広報と広聴の考え方はすでに概念としてあった。しかし、実質的には「お知らせ広報」を軸に進められてきた。一九六〇年代以降は、広報と広聴の統合が意識されはじめ、革新知事などによりそれを前提とした行政広報のあり方が模索され、さらに一九八〇年代以降は地方の自立意識に伴う住民参加や情報公開が課題となってきた。そして、一九九〇年代中頃以降は、インターネットへの対応をはじめとしたメディアの多様化とともに、NPOなど多様なステークホルダーとの関係が求められ、「協働」の視点から広報活動をどのように組み立てていくかを課題として追究しているといえる。

行政広報の場合は、長く意識されてきた広報と広聴といった二本柱を前提とした広報活動から、さまざまなステークホルダーと関係を築きながら、抱えている行政課題の解決につなげていく広報のスタイルへの移行が求められている。まさに「協働」の視点と広報活動をいかに結びつけていけるかが問われている。しかし、広報と広聴の統合を前提とした広報の再編、また課題解決に沿った広報のマネジメントの仕組みづくりなど、上記のように移行していくためのハードルは高い。

企業広報の戦後史

次に、企業広報の戦後史を概観していく。

時代区分は四期に大きく分け見ていくが、区分の節目は、企業の及ぼす社会的影響力が質的に大きく転換する時期で設定している。

第一期は、敗戦後から経済の高度成長の準備が整う時期であり、一九五六年の「経済白書」で「もはや戦後ではない」と記された頃、一九五〇年代までである。

第二期は、高度成長期そのものであり、企業の社会的影響力が大きく伸張する時期に当たる。第二次池田内閣が成立し一九六〇年「国民所得倍増計画」が決定された頃から、第四次中東戦争が勃発し一九七三年のオイルショックとともに高度成長が終焉する頃までである。

第三期は、オイルショックによる大きなダメージを受けた頃から、少しずつ克服し再び企業が息を吹き返し、一九八〇年代後半より始まったバブル経済が崩壊する一九九〇年代初頭までである。

第四期は、バブル崩壊後「失われた一〇年」と呼ばれた一九九〇年代から、いまだ不況の渦中から脱することのできない二一世紀初期の現在までである。

第一期の企業関係の動きとしては、一九四六年に経済同友会、経済団体連合会（経団連）が発足したことが挙げられる。一九四八年には日本経営者団体連盟（日経連）も発足している。民間企業へのパブリック・リレーションズの導入は、猪狩によると三つのルートが存在するという[3]。

一つは電通ルートである。これは、一九四七年社長に就任した吉田秀雄がPRに注目しGHQに接触した。そして、電通内部で輪読会を行うなど広告界の近代化を意図し導入を図ったものである。

二つ目のルートは、証券業界ルートである。電通ルートが広告業界の近代化を目指していたのと同様に、「証券民主化」が当時証券業界のスローガンとなっていた。そして、三つ目のルートは、一九四八年に発足した日経連ルートである。日経連は労使関係を安定化させることを意図して生まれた組織だが、一九五一年アメリカに「経営視察団」を派遣し労使関係の調査を行うとともに、パブリック・リレーションズに関する知識を持ち帰った。たとえば、社内報や提案制度など現在も多くの企業で継続している社内コミュニケーションの仕組みに注目した。

この時期の広報活動については、まだ具体的な展開につながるためには時間が必要だった。パブリシティについていえば、新聞・雑誌とも紙不足によりページ数が少なく、それ以外のマスメディアも一九五一年にラジオの民間放送、一九五三年にテレビ放送が開始されてはいるが、活況を呈するには高度成長が始まるまで待たねばならなかった。ただ、広報の考え方として、企業の社会的責任（ＣＳＲ：Corporate Social Responsibility）への意識の萌芽や企業財団の設立が見られた。

第二期の企業の動きとしては、広報部門の新設が続いている。一九六〇年日産自動車、東レ、伊藤忠商事、一九六三年サントリー、野村証券、日本アイ・ビー・エム、鹿島、一九六四年トヨタ自動車、キリンビール、といった大企業を中心に、業界を超えて新設の広がりが見られる。

この時期の企業広報は、マスメディアの活況、広報部門の新設、大量消費の拡大という要因が絡み合う中、マスメディアを通していかに商品や企業イメージを高める情報発信を行っていくか、また消費者から企業や商品に対する率直な意見、アイデアにいかに耳を傾けるかに重点が置かれた。

一方、この時期の影の部分として公害問題との関わりが挙げられる。その始まりは一九五六年水俣病の発生だが、一九五九年一一月水俣病問題で漁民一五〇〇人が新日本窒素水俣工場に乱入し警察隊と衝突する事件が起こった。その後、一九六二年サリドマイド系睡眠薬による薬害、四日市コンビナートでの喘息の発生、東京でスモッグの深刻化などと毎年のように大きな問題が顕在化している。

企業の社会的責任の視点からさらに踏み込んでいくと、一九七〇年前後を中心に高まった企業と社会のコンフリクトは、公害問題、欠陥商品、商品の二重価格といった問題、オイルショック後の買占め・売惜しみといった企業行動に対して社会が企業に責任を求めたことが、企業広報のもう一つの背景として指摘できる。

第三期は、企業広報の立ち位置が変わってくる。先述したように、高度成長期は末期において厳しい「企業批判の時代」へ本格的に移行する。広報機能としては、高度成長期の「マーケティング型広報」からマスメディア対応の取材窓口、スポークスマンとして、社会との接点としての広報の位置づけが強まっていった。トップ直属の広報部門も目立ってきた。

企業広報に関する動きとしては、一九七六年に経団連の社会性本部が「企業・経済団体の広報活動のあり方」を発表し、「具体的に経済団体において広報のための組織を整備・拡充し、情報収集力を強化し、対社会キャンペーンを実施するべきである」と提言した(4)。

一九八〇年代に入ると企業広報への風向きが変わり始める。たとえば、企業と社会の関係の新しい視点としてコーポレート・アイデンティティ（CI）が注目され始める。上野は「企業広報の世界にも急速に『文化』がキーワードとして登場した。企業が繰り広げる広報イベントや広報誌の中に『文化イベント』『文化誌』さらに『文化施設』などという呼称が一般化されたのもこの頃である」と指摘する。(5)

さらに、一九八〇年代後半になると景気は回復する。一九八五年九月プラザ合意後、企業のグローバル化が進む。そしてバブル経済に突入し、それを背景に「芸術文化支援（メセナ）」が拡大していく。また、経団連は一九八六年訪欧ミッションを、一九八八年には訪米ミッションを派遣して、欧米の社会貢献調査を実施した。経済広報センターでも一九八六年「第四回米国パブリック・リレーションズ・スタディツアー」を企画し、アメリカ企業のコミュニティ・リレーションズを学んだ。「企業市民」という言葉やその重要性への意識はこのような中で生まれてきたが、具体的な成果の一つとして一九八九年経団連に「1％クラブ」が創設された。その後、各企業に社会貢献活動に関する部門が次々と誕生した。

この時期のメディアの状況を見ると、一九八〇年代は新聞、雑誌、テレビ、ラジオといったマスコミ四媒体が成熟期に到達した時期といえる。企業広報の「文化」志向とマスメディアは連動し、さらに企業広報誌も一九八〇年代後半から文化誌として多く創刊された。

第四期が始まる一九九〇年代は、一九八九年のベルリンの壁崩壊や一九九〇年の湾岸戦争など、世界規模の大きな変化の中でスタートした。日本ではバブル崩壊後、企業不祥事が頻発した。とくに一九九一年大手証券会社の大口顧客への損失補填へは、マスメディアによるセンセーショナルな取り上げ方もあり、庶民の怒りは集中した。一九九〇年代中頃以降は、社会に大きな影響を及ぼす動きが進行していく。行政広報の場合と同様、一つは阪神淡路大震災であり、企業にとって厳しい事業環境でありながらも、この大震災による体験がボランティア活動などを通して、企業の社会性に対する考え方を深める契機になったといえる。そして、この契機はＮＰＯ法の成立と、その後のＮＰＯの社会的存在感の高まりにつながっていく。さらにメディアに関わる大きな動きとして、インターネットの普及拡大であり、企業サイトなどを通して企業は従来のマスコミをはじめとした社会とのコミュニケーションのあり方をさらに重層化させていく。企業広報に関わる代表的な事例としては、富士写真フィルムへのコダックとＵＳＴＲ（米国通商代表部）によるＷＴＯへの提訴に対し、積極的なインターネット広報により富士写真フィルム側の主張が認められたプラスの事例が挙げられる。一方、一九九九年二月東芝製のビデオデッキに対するユーザーのクレームへの対応トラブルは、マイナスの事例といえる。

二一世紀に入ってからもインターネット広報への期待は増しており、CSRとともに企業広報の取り組みに大きな影響を与える視点となっている。

全体を通して、企業と社会の関係の推移を概観すると、企業活動が良好なコミュニケーションを生み出している時期と対立が際立つ時期が交互に訪れていることがわかる。広報機能導入期から一九六〇年代にかけ、広告やパブリシティを通して企業の商品や情報が急速に社会に浸透していく。この時期の企業広報は、マスメディアの活況、広報部門の新設、大量消費の拡大という要因が絡み合う中、マスメディアを通していかに商品や企業イメージを高める情報発信を行っていくか、また消費者から企業や商品に対する率直な意見、アイデアにいかに耳を傾けるかに重点が置かれた。マスメディアにより一方的な情報を大量に投下するだけでなく、企業が消費者との距離を縮め一体化しようとする動きは広聴機能や顧客参加による関係構築の芽生えとして特筆できる。

しかし、一九六〇年代後半からオイルショック期に向けては企業批判が激化し、社会との対立関係が際立ってくる。公害問題や欠陥車キャンペーン、オイルショック後の買占めや売惜しみといった企業行動への批判がこの時期を特徴づけている。

オイルショック後の立ち直りから一九八〇年代バブル経済に向かう時期においては、企業と社会の協調関係が再び前面に出てくる。企業はCIを通して企業姿勢を積極的に伝える努力とともに、文化的な色彩の強い広報誌やイベント、広告により、企業そのものへの理解促進を図ろうとする動きが目立っている。この流れは、一九八〇年代後半の企業メセナへの展開につながっている。しかし、バブル崩壊以降一九九〇年代は、企業不祥事の頻発などにより再びコンフリクトが際立ってくる。その後、二一世紀初頭に向けて長期不況の中、ステークホルダーとの関係修復を意識した広報活動が目立っていく。

企業広報の役割は、マスメディアの活用を前提とし、社会との協調期には企業を積極的に売り込み、対立期には企業への理解を求める努力として考えることができる。広報手段としては、パブリシティをはじめとしたマスコミ広報でのメディア・リレーションを軸としながらも、一九九〇年代後半以降はインターネットを活用した広報活動も展開してきた。ステークホルダーとの関係づくりとしては、消費者へ耳を傾ける努力が見られ、一九九〇年代以降は多様なステークホルダーへの対応意識が育っている。CSRへの意識としても、一九七〇年代の頃と二一世紀以降のものとは質的に異なっている。

企業広報の場合は、NPOをはじめとしたステークホルダーとの相互利益に基づく関係構築意識は育ちつつある。マネジメント機能については、広報評価測定などの難しさもあり、課題意識は以前よりあるものの、現状ではあくまでマスメディアとの関係やインターネットの活用にとどまっており、発展途上といえる。

二つの広報史が示唆するもの

上述した二つの広報史から、広報の機能や役割に関してどのような示唆が得られるかを考えてみたい。

図2－1は、行政広報と企業広報の戦後史の要点を著者が独自にまとめたものである。上半分は、行政広報の中でも自治体広報を想定したものであり、下半分は比較的規模の大きな企業における広報を想定したものである。そして、それぞれの広報に対して期待される役割、また背景となる社会の変化をキーワードとして、年代の流れに応じて組み込んでいる。縦軸の「期待値」については、それぞれの広報が、社会からどの程度期待されていたかを、主観的に判断しその程度をグラフ化した。

自治体広報について見ていくと、時代を経るに従って、さまざまな役割期待が重層化していくイメージが描かれている。またポイントとなるキーワードを拾っていくと、「お知らせ広報」「広聴」「情報公開」「協働」「シティプロモーション」といった自治体広報における広報活動の流れ

図２－１　広報の戦後史概観

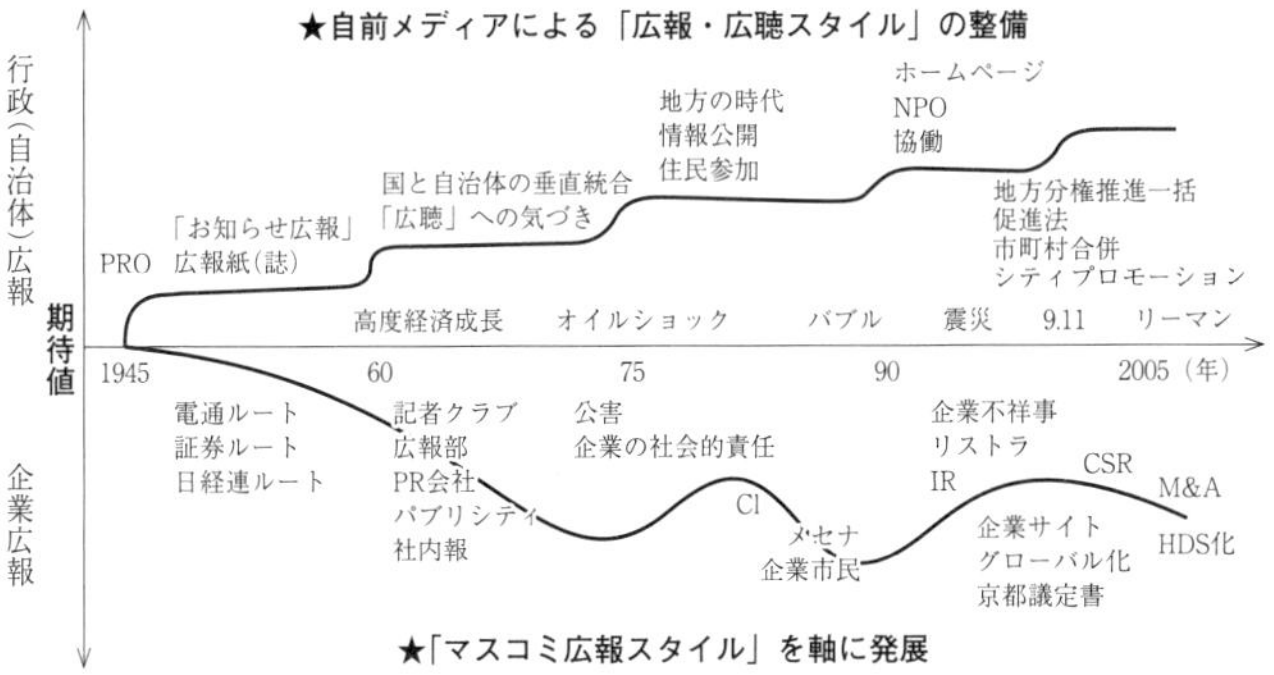

をうかがわせる年代的な特徴が見て取れる。上野は「自治体における広報広聴は、一九八〇年代までは、庁内の各部局から丹念に広報課題を収集し、体裁よく紙面に仕立て上げる『広報誌づくり』が主流であった。そして広聴活動と言えば、年に一度の世論調査（三年に一度程度の市町村も多いが）と『市長と語る集い』などの集団広聴活動くらいで、多くの市町村でパターン化されていた。しかし、この一〇年ほどの間、（中略）広報と広聴のテーマと手法を多様化し、かつ従来の広報誌づくりからインターネット広報まで、住民との情報受発信の形態も変化しつつある」[6]と自治体広報の総括を行っている。

つまり、自治体広報の戦後史を概観すると、住民との距離の取り方として、広報と広聴、それに関わる多様なメディアの活用、そして現在はＮＰＯなど多様なステークホルダーとの関係が求められ、「協働」の視点から広報活動をどのように組み立てていくかを課題として追究しているといえる。しかしながら、自治体広報に対する役割期待は重層化し高度化している一方、基本的には必要に応じて広報紙（誌）など自前メディアを増設し、それらを多様に活用した「広報・広聴スタイル」を中心に回っている状況が見て取れる。

次に、企業広報の戦後史を概観していく。キーワードしては、「記者クラブ」「パブリシティ」「企業の社会的責任」「メセナ」「企業不祥事」「企業サイト」「ＣＳＲ」などが、年代的な特徴として見て取れる。また、広報メディアとしては、マスメディアとの関係が色濃く出ている。たとえば、経済広報センターが一九八〇年から継続実施している「企業の広報活動に関する意識実態調査」の報告書によると、「広報活動において特に重視する対象」として、常に「報道関係者（マスコミ）」が現在においても突出してトップとなっている。(7)

企業広報の場合は、以上から二つの特徴を見出すことができる。一つは、全体を通して企業と社会の関係の推移を概観すると、企業活動が良好なコミュニケーションを生み出している時期と対立が際立つ時期が交互に訪れていることがわかる。つまり、社会からの企業広報への役割期待は大きく揺れる。もう一つは、社会との関係の良し悪しを問わず、マスメディアとの関わりが色濃く表れているといえる。パブリシティだけでなく、危機管理広報面でもマスメディアとのコミユニケーションが軸となっている。「マスコミ広報スタイル」を軸とする状況は、現在も大きく変わっていない。

では、以上からの示唆を、以下整理しておきたい。

自治体広報においては、広報メディア、広聴メディアともに現在多様な自前メディアが活用されている。広報紙（誌）をはじめとし、テレビ放送枠、さまざまなパンフレット類、そしてホームページなどと、メディアの多様化に伴い予算を増額し整えてきた。しかし、自治体財政の逼迫や市町村合併に伴うさまざまな再編とともに、地域経営における「協働」が求められる中、住民やNPOなど多様なステークホルダーとの関係づくりへの期待に対して、今後どこまで応えていけるかが不透明な段階にある。

企業広報の場合は、マスコミ広報を軸に、社会との協調期には企業を積極的に売り込み、対立期には企業への理解を求める努力を行ってきたが、マスメディア自体が現在経営危機を抱え、その社会的存在感を低下させてきている。一方一九九〇年代以降、多様なステークホルダーへのきめ細かな対応が求められ、また企業自体が経営環境の激変の中で市町村合併の動きにも似た、企業合併や企業グループ再編が進行しており、今後広報がステークホルダーとの継続的な信頼関係を築いていく上で、基本的な方向が見失われつつあるといえる。

つまり、自治体広報にしろ、企業広報にしろ、従来軸としてきた広報スタイルの限界が明らかになってきており、広報のあり方を再考する時期に現在差しかかっている。そして、今後に向けて描くことができる方向としては、ステークホルダーといかに関係を深め、協働するところにまで発展させていけるかだと考えることができる。

2　協働が求められる時代的意味

今後の広報を展望する方向として、前章で再定義した広報の考え方を踏まえたとき、「協働」という考え方への理解が大きな意味を持つ。まず、その点から考えていきたい。

協働とは

「協働」という言葉の始まりは、アメリカのインディアナ大学の政治学教授ヴィンセント・オストロムだといわれている。氏の *Comparing Urban Service Delivery Systems*（1977）の中で「Coproduction」という用語が用いられ、その日本語訳が「協働」とされたことにより「協働」というキーワードが生まれた。そして、自治体用語としてこの言葉が使われ始めたのは、横浜市からだといわれている。そこでは、市民活動との協働に関する基本方針（通称：横浜コード、一九九九年）において、協働とは「公的サービスを担う異なる主体が、地域課題や社会的な課題を解決するために、相乗効果をあげながら、新たな仕組みや事業を創りだしたり、取り組むこと」だとしている。協働という言葉自体は、決して古くからあるものではなく、インターネットの普及と同様、一九九〇年代後半から自治体を中心に急速に広がってきた。ただ、その意味する考え方は決して新しい発想ではなく、日本において古くから大切にされてきた地域共同体としてのつながりの精神が、時代の要請の中で必要に迫られ再評価されてきた動きの一つと考えることができる。

現在、自治体によりさまざまな協働の定義があるが、一般的には行政と市民・NPOが一緒に汗を流し、共通の目的、目標に向かって活動するといったものが多い。しかし、松下は以下のように、協働の意義を幅広く捉え四つに整理している。

① 協働をキーワードで示すと、主体、対等、自立（自律）、責任、信頼である。つまり、行政と市民・NPOのそれぞれが、主体となり、対等な立場で、自立した存在として、自律・責任を持ち、相互に信頼関係を持ちながら活動するのが協働の前提になる。

② こうした市民・NPOが、公共の担い手（公共主体）として公共課題に取り組んでいるこ

とが協働のポイントとなる。市民・NPOと行政は、時には一緒に活動する場合もあるが、一緒に活動しない場合もある。（後略）

③ このように協働を考えると、協働は行政と市民・NPOの間だけでなく、市民・NPOと議会・議員間、公共セクターとしての市民・NPO同士の関係でもあるだろう。

④ この協働の目的は、自治の実現である。つまり、市民を幸せにし、住んでよかったと思えるまちをつくるのが目標となる。行政だけでなく、議会や市民・NPOが、それぞれが力を存分に発揮して、住みよいまちをつくっていく、それが、協働のねらいである。(8)

この協働の捉え方の特徴は、幅広い関係性の中で協働を捉えている点にある。それぞれの立ち位置を押さえつつも、必ずしもリアルな場で一緒に行動することを前提としていない。あくまでも、社会的な関係性の中で、共通の目的意識と役割意識をシェアしながら、それぞれが自主的に取り組んでいくことを意味している。

一方、企業において同様な言葉に該当するものは「パートナーシップ」だろう。一九八〇年代から一九九〇年代初頭まで、主に大手企業はバブル景気の中で、芸術、文化活動を中心としたメセナ活動への取り組み、また地球環境保護など社会貢献活動が一般的に行われてきた。これは、主に資金的な面での支援が中心だったが、バブル経済崩壊、そしてその後の長期不況を経る中で、長期的な視野に立ち強い社会意識に裏打ちされた一部の企業が、一九九〇年代後半以降、社会との関わりを改めて深めていく動きが見られ、その対象として当時質量ともに育ち始めてきたNPOと関係を築く動きが目立ってきた。そして「企業とNPOのパートナーシップ」という表現が登場してきた。この「パートナーシップ」という言葉は、立場の異なる組織や個人が共通の目的の下、お互いの強みを意識しながら対等な関係を築きつつ、社会的な問題解決を図っていくことが、主要な意味として込められている。

いずれにしても、一九九〇年代後半以降使われ出した「協働」「パートナーシップ」という言葉には共通する点が多い。それは、ステークホルダーと関係を築きつつ社会的な課題解決を、立場を超えて図っていきたいという思い、責務に立っている点、またそれぞれが社会を支えていく当事者の一人だといった意識が見られる点などが挙げられる。

協働が求められる必然性

このことは、別の見方をすれば、環境問題や地域に見られるさまざまな現在社会が抱えている課題に対して、企業、行政がそれぞれの事業活動の中では抱えきれなくなってきた必然的な結果ともいえる。行政においては、住民をはじめとしたステークホルダーからのニーズの多様化、また財政難による自治体業務の大幅見直しの中で見出された新たな方向として「協働」が発想され、企業においては社会との関係をさらに深めていく新たな方向として「パートナーシップ」が発想されたといえる。その意味で「パートナーシップ」に基づくさまざまな活動は、バブル崩壊までのメセナや社会貢献活動と質的に大きく異なっている。

以上のような考え方に立ったとき、現在、単なる組織の一機能としての従来型の広報ではなく、さまざまなステークホルダーとの関係性をベースとし「協働」に裏打ちされた広報のあり方を追究していくことが、必然的に求められていると考えることができる。

このような広報を「協働広報」と捉え、その概念を次に詳しく描いていきたい。

3　協働広報とは何か

前章では広報の再定義として、自ら次のように設定した。

「広報とは、その組織体とステークホルダーとの間に信頼関係を創造し維持する機能であり、社会的利益にかなうものである」。

協働広報は、その考え方を前提とし、次の三つの基本的な視点に立っている。

① 広報活動を担う主体は固定しておらず、関係性の中で必要に応じて決められる。
② 広報活動に伴うメディア選択は、対象との関係と効果により柔軟に行われる。
③ 広報活動への評価は、ステークホルダー相互が行い、関係の継続が評価の証となる。

それぞれについて、詳しく説明していく。

基本的視点①

「広報活動を担う主体は固定しておらず、関係性の中で必要に応じて決められる」。

従来、企業であれば広報部門や担当者が設定され、計画に基づいて広報活動が行われてきた。その組織の担当部門、また組織全体とステークホルダーは向き合いながら、主に組織からステークホルダーへ、マスメディアやＷｅｂサイトを通して一方向的に情報やメッセージが届けられ、別途相談窓口のある部門を通して、部分的に反応がフィードバックされてきた。行政であれば、主に広報紙（誌）やＷｅｂサイトを通してさまざまな情報が、市民をはじめとしたステークホルダーに届けられてきた。そして、企業と同様に広報部門または別部門において広聴機能として、相談、苦情窓口や定期的な世論調査などにより、ステークホルダーからの反応が確認されてきた。

このような広報の考え方は、固定した関係性を前提とした仕組みに基づいている。送り手は組織であり、受け手はステークホルダーであり、その基本的な流れは変わらない。もちろん広聴機能として、ステークホルダーからのフィードバックはあるが、あくまで部分的なものにすぎない。ステークホルダーがまったく反応しなければ、それまでである。とくに行政においては、従来から受け手にまで届かない発信は少なくない。ある意味で、発信し公開したという事実を残す意図から、市民に対して情報が届けられる場合が少なからず見られる。行政では、公平性の観点から、なかなか対象をセグメントしたり、手段変更ができなかったりするがゆえの場合が多いものの、結果としてさまざまなメディアが重層化し、情報を届けるための負担がどんどん重くなっていく。

しかし、ステークホルダーによって必要とされる情報は多様なため、ミスマッチも多い。企業においても、マスメディア主体にパブリシティしている限りは同様である。

協働広報では、ステークホルダーも送り手となり、その情報やメッセージを通してお互い共有したいことを見つけていく。新商品への率直なユーザーの反応が、そのまま広報活動となり、次なる情報ニーズにつながっていく。関係するメディアは、マスメディアでなくてもよい。インターネットの場合もあれば、直接電話や対面で伝えられることもあるだろう。現在、従来受け手であることが多かったステークホルダーからの発信手段が多様化していることもあり、ステークホルダー間の多方面での情報交換を通じて、お互い共有したい情報が流通していく。内容によって、最もふさわしいステークホルダーが主体となり、共有するコンテンツが生み出されていく。ステークホルダーとの関係維持を前提としながら、必要に応じて広報主体が変わることが、ステークホルダー間での相互理解を促進し、信頼関係を維持していくためには不可欠だと考える。

別の言い方をすれば、広報活動における「脱中心化」ともいえる。これは、組織の担当部門が中心となり、一方向的に情報をステークホルダーに流していたフレームから脱することを意味している。関係するステークホルダー間で情報は流通するのであり、そのプロセスの中で意味が生まれてくる。具体的な事例は次章に譲ることとし、ステークホルダーの間でのやり取りを通して多くの情報やメッセージが共有化され、発展していき、結果としてステークホルダー間の関係が時間とともに育っていくイメージを描くことができる。

基本的視点②

「広報活動に伴うメディア選択は、対象との関係と効果により柔軟に行われる」。

ある特定のメディアを前提に、広報を考えることが現在難しくなってきた。相手との関係を築きつつ双方の利害を一致させていくには、イメージする多様な関係の持ち方と同様、多様なメディア活用が求められる。

メディアといっても、マスメディアやＷｅｂだけではない。流通業のような場のビジネスであれば、まさに店舗という「場」がメディアとして大いに活用される。また、まちづくりのメディアとして、昔からその地域の足になっている路線バスや電車も十分役立つメディアになりうる。大切なことは、単にメディアありきの発想ではなく、関係を築き育てるには、どうすればよいか。その役に立つメディアは何であり、どう組み合わせたり連携したりすれば目標が達成できるかといったように、関係づくりに関わるメディアはすべて広報メディアといえる。

従来から広報に関わるコンテストとして、広報紙（誌）やＷｅｂサイトなど一部のメディアだけを取り出し評価する取り組みが、いろいろな場で行われている。「品評」としての意味はもちろん認められるが、以前から少し違和感を持っている。高く評価された点を見ていくと、レイアウトがわかりやすいとか、写真が良いとか、文章がわかりやすいとか、だいたい道具としての出来栄えに関わる部分がほとんどである。ただ、どんなに素晴らしい道具であっても、相手とのマッチングやタイミング、また他のメディアとの関係から切り離された中では、どの程度の現実的な効果が見込めるのかがわからず、往々にして作り手の自己満足に陥ってしまう。ときには、ニュースリリースの品評すら行われることがある。ニュースリリースはあくまで便宜的な道具にすぎず、どんなに「美しいニュースリリース」であっても十分な機能が果たされなければ資源の無駄遣いになってしまう。逆に走り書きのメモでも、思い描いたパブリシティにつながれば十分といえる。

なぜ、このようなことが今まで続いてきているのかについて、少し考えてみたい。

一つは、広報の仕事は担当者の育成が浅いレベルにとどまることが多い点が考えられる。企業であれ行政であれ、担当者は希望によらない異動により広報を担当することが少なくない。また、担当する期間も概して短くさまざまである。つまり、職業人としてのキャリアの中で、一部の層を除き広報キャリアは必ずしも重視される仕事として広く認識されていない。そのため、広報の仕事の基礎としてのメディア制作がまず求められがちであり、次なる異動によりその後の発展に結びつかないことが多く見られる。広報の専門性を重視する企業も存在するが、一部に限られている。その結果、「広報の仕事＝メディア制作」と捉えられがちである。

もう一つは、広報という仕事は成果がなかなか認められにくい仕事である点が考えられる。評価の難しさとともに、なかなか仕事の手応えが得られにくく、業績への直接的な貢献度も認められにくい。一方で、危機管理広報のように「できて当たり前」「（不祥事対応の）ミスは企業の死活問題に直結する」といったシビアさも広報の仕事には含まれている。つまり、仕事への手応えややりがいを持ち続けるためには、何かが必要となる。その意味で、メディアへのコンテストへの参加は、担当者の広報の仕事へのモチベーションに直結しやすく、また良い結果が出れば仕事の質の高さを証明する根拠となるからである。

さらにいえば、一般的にメディアはツールの側面とともに、コンサマトリーの側面を併せ持っている。コンサマトリーとは、自己目的的に楽しむことであり、メディア制作そのものを「ものづくり」として享楽的に消費することを意味している。広報の多くのコンテストには、ＣＭをちょっとした映像作品として楽しむことと同様な色彩が見て取れる。

以上のような理由により、広報という仕事がメディア制作を代表とした仕事イメージとして定着してきたと考えることができる。

しかし何度も繰り返すようだが、現在はコミュニケーションにおいて、多様な道具を柔軟に選択する時代であり、一つの道具を前提とし、それにこだわりすぎるとコミュニケーションのバランス、そしてコスト・パフォーマンスを欠くことが往々にして起こる。

これだけメディアが多様化しているはずなのに、なぜコミュニケーション・ギャップが起きるのかをじっくり考えてみれば、どこかメディアに対する姿勢に勘違いが潜んでいることに気づくのではないだろうか。

基本的視点③

「広報活動への評価は、ステークホルダー相互が行い、関係の継続が評価の証となる。」

協働広報では、相互評価が基本となる。ステークホルダーが明確になっており、相手からの反応が得やすいことは、評価にとって大きな意味を持っている。

従来、広報活動はほとんど評価がなされなかった。パブリシティの場合は、どの程度記事になったかがすべてであり、その大きさや扱われ方、そして掲載媒体の社会的影響力が主な評価視点とされた。しかし、掲載された記事なりニュースがどの程度、ステークホルダーに伝わったかといえば、まったくわからない。送り手が好意的に解釈し、発行部数の大きい媒体、視聴率の高さなどから、多くの人に届いたに違いないと思い込むのが現実である。自治体の広報紙（誌）の場合であれば、たまに市政調査の中で活用度がアンケートにより聴かれることがある。ただ、大雑把な反応がほとんどで、回答内容よりもアンケートを実施したことによる正当性がより重視されることが多い。回答内容についても、モニターであれ無作為抽出であれ、回答者属性は偏っており、一般性が認められない場合が多い。

Ｗｅｂサイトについては、ページごとのアクセス・ログを把握することができる。どの程度閲覧されたか、どのような流れで足跡が残されたのかがわかる。ただし、それだけである。閲覧というか、ページを開いても読まずに次に移ってしまえば無意味である。他にも、従来の広報メディアについて同様なことが見られるが、要するに従来の広報評価は、実質的にはなされてこなかったのであり、発信者が情報を投げかける行為で十分とされてきたといえる。そして、広報評価は「永遠の課題だ」などと体よく済ませてきたのである。

協働広報は相手があることなので、相互評価をすればよい。別に不特定多数の目を前提とする必要はない。そして、それなりの評価がなされれば、関係が続いていくことになる。発想の転換となる点は、ひたすら仮定の数値をかき集めて、もっともらしく分析して見せなくとも、信頼関係の維持そのものが広報評価の証といえる。その代わり、関係を継続的に築くことはかなり難しい。

たとえば、NPOの協働提案に基づき自治体とともに課題解決に当たることが近年増えている。そのプロセスの中で、往々に協働相手の自治体からNPOに対して、その取り組みへの他者評価としてアンケート・データなどが求められる。活動報告のための評価という色彩が強いが、形としては整う。しかし、双方の継続的な関係がうまく築けなければ、アンケート・データがどうであれ活動は終わってしまう。

一般的な仕事の基本的なマネジメントサイクルとして、PDCA（Plan-Do-Check-Action）

が求められることが多い。その際、評価となるCheck部分の暗黙の前提として、何らかの数値化に基づくリサーチがイメージされがちである。しかし、広報評価については、単なるマーケティング・リサーチのような分析モデルというより、関係性を問うものとして捉えれば、関係の質そのものが評価として現実的な妥当性が認められると考えることができる。この点もまた、ステークホルダー相互の関係性を軸とした広報への捉え方から必然的に導かれる方向だろう。

協働広報の定義

それでは次に、協働広報の定義についてまとめていく。

まず、協働広報はステークホルダーとともに取り組むものであり、共通の目的、役割分担、そして活動の場となる共通の媒体が前提となる。たとえば、行政がNPOと協働でフリーペーパーを作成し、さまざまな行政情報とともに団塊の世代に向けたまちづくりに関する情報提供と対象となる市民の参加促進を行う取り組みをイメージしてみる。この場合、NPOの代わりに企業が協働相手となる場合も考えられる。このとき問われるのは、行政が単にNPOなり企業なりに対して予算をつけて委託するのではなく、それぞれの専門性など強みに応じた役割分担が明確に位置づけられる点にある。近年多く自治体では、協働を前提とした市民やNPOによる提案制度が制度化されてきているが、往々に役割意識に温度差が見られる。

行政はあくまで仕事の一部としてしか考えておらず、ＮＰＯの想いと大きくギャップが生じてしまう場合がある。行政サイドは手続き論ばかり意識するのに対し、ＮＰＯ側は形式論ではなく実質的に柔軟に動きたいと考える。このような関係の中では良いフリーペーパーには仕上がりにくい。

ＮＰＯは団塊の世代のニーズを巧みに反映した企画立案ができ、行政は自治体内部も含めて自らが持ちうる媒体を駆使し、市民にフリーペーパーの認知度を高めていく、といったような動きが必要である。そして、その共通の前提となるものは地元への想いであろう。

単にともに取り組むだけではなく、共有すべきもの、お互いの特性に基づき分担し合うもののメリハリが協働広報にはとりわけ重要である。これが、定義につながる第一の視点である。

次に、多様なステークホルダーを巻き込むことが視点として求められる。協働広報は多様なメディアを駆使しながらも、多方向に関心や認知を広げていくことが重要である。多様なメディアは、あくまで関わりのある参加者がそれぞれ関係を広げていくきっかけである。それゆえ、中心となるステークホルダーをできるだけ参加者として巻き込んでいく仕掛けが期待される。

その意味で、ソーシャルメディアは協働広報と親和性が高い。個々がバトンを次々に渡し合っていくイメージである。ある程度参加するためのハードルは設けられるが、個々が起点となり関係する相手と情報を共有していくことができる。媒体は必ずしもサイバースペースである必要はない。リアルな広場であったり、コミュニティ情報誌やラジオであったりしてもよい。要は、さまざまなステークホルダーの参加が促進できる工夫が求められる。これが定義につながる第二の視点である。

さらに、協働を活動の基盤としているがゆえに、多様なつながりを束ね全体を調整していく機能が必要とされる。いわば、「つなぎ手」であり「ファシリテーター」としての役割を担える存在が重要となる。ファシリテーターに期待される役割としては、全体のことを考えつつ双方の立場の違いを理解した上で、それぞれのステークホルダーの関係を円滑にしていくことである。また、多様なステークホルダーを巻き込むアイデアを、それぞれから引き出し具体化していくことも期待される。協働広報の場合は、ファシリテーターが機能しないと容易に拡散してしまいがちである。つまり、協働広報において、広報の専門性はこの点に求められる。

以上を踏まえたとき、協働広報を次のように定義することができる。

「協働広報とは、組織及び地域、社会の共通課題に対し、ステークホルダーが協働し、その解決を図ることを通して、相互の信頼関係を継続的に深めていく活動である。また、その活動ではステークホルダー相互へのファシリテーションが、不可欠な機能として求められる」。
次章では、具体的な事例を通して、協働広報の考え方への理解を深めていく。

注

（1）草場定男『行政ＰＲ』公務職員研修協会、一九八〇年、九ページ。
（2）日本広報学会広報史研究会「日本のＰＲ史研究」日本広報学会（二〇〇七年度広報史研究会報告書）、二〇〇八年、一二二ページ。
（3）猪狩誠也編『企業の発展と広報戦略』日経ＢＰ企画、一九九八年、九―一八ページ。
（4）同上、一〇三ページ。
（5）同上、一一九ページ。
（6）津金澤聡廣・佐藤卓己編『広報・広告・プロパガンダ』ミネルヴァ書房、二〇〇三年、一三六ページ。
（7）二〇〇五年調査では七七・八％、二〇〇二年調査では八二・〇％と、二番目の「株主、投資家」（二〇〇五年：四七・一％、二〇〇二年：五五・二％）を大きく引き離している。二〇〇五年調査の調査概要は以下。調査対象は日本経団連の主な会員企業の広報担当者、郵送調査、実査二〇〇五年一一月～二〇〇六年一月、回収数四一八社（回収率四七・四％）。
（8）松下啓一『市民協働の考え方・つくり方』萌書房、二〇〇九年、一八ページ。

第3章　協働広報事例

1　事例選定の考え方

前章では、戦後広報史とともに「協働広報の定義」について述べてきたが、本章では具体的な事例を通してその考え方を明確にしていきたい。

まず、事例を扱う前にその前提状況を述べておくと、「協働広報」という考え方を明確にした研究は、筆者自身が関わってきた研究以外では先行研究は見当たらない。また、「協働広報」という言葉や事例を扱ったものは、『広報』（日本広報協会、月刊）の第六七三号（二〇〇八年六月号）が初出である。ここでは「（行政と）民間企業やＮＰＯとの協働による広報事例」という設定のみ示されており、扱われた事例は以下の四つである。

① 民間のフリーマガジンに情報提供——八王子市

② 千葉市ボランティアズカフェ——千葉市

③ NPOが市と協働で団塊世代に向け情報サイトを運営——鎌ヶ谷市

④ 静岡暖快倶楽部——静岡市

これらは④を除き、いずれも自治体の広報事業にNPOや民間企業が関わったものであり、主にメディア制作及び運営が中心となっている。①は地域情報誌としてのフリーペーパー、②は地域の場づくり、③は地域情報の窓としてのWebサイトである。

④については、市役所内の専用窓口、情報誌、Webサイト、イベントなど複合的なメディア展開を市が主体となり取り組んでいるものであり、対象である市民や団体とのコラボレーションを意図したものといえる。

つまり、「協働広報」という表現はしているが、先に行った定義から考えたとき、協働の意味を極めて限定的に捉えた事例といえる。いずれもがメディアを軸に自治体が主体となり、パートナーとしてNPOや企業、市民の参加を基に取り組んでいる色彩が強い。

先に行った定義を再掲すると以下の通りだが、協働広報に込めた思いを改めて述べておきたい。

「協働広報とは、組織及び地域、社会の共通課題に対し、ステークホルダーが協働し、その解決を図ることを通して、相互の信頼関係を継続的に深めていく活動である。また、その活動ではステークホルダー相互のファシリテーションが、不可欠な機能として求められる」。

まず、協働広報にはさまざまなメディアが関わるが、共通の課題解決を通して相互の信頼関係が深まっていき、それがメディアを絡めた活動により好循環を継続していけるかが問われる。そして、ステークホルダー相互はあくまでも対等な関係に基づいており、ファシリテーションが良好に機能することで、活動がうまく回り相互の強みがうまく発揮される。協働広報は、このような関係が成立していることが重要なのである。

協働という名の下に、単なるメディア制作を協力しながら行っていたり、形として一緒に場を盛り上げていたりするだけではない。それに終わらず、お互いの強みを活かしたことによりどれだけ課題解決につながっていっているか、その結果として信頼関係が深く、広くなっているか、そのところまでを見極めていくことが大切なポイントだと考えている。

また、以下取り上げる事例の特徴としては、さらに次の三点が挙げられる。一つは、企業や行政、ＮＰＯなどの組織と、そのステークホルダーが三者以上関わる設計になっていることが挙げられる。もう一つは、目的とする関係構築を実現する上で、マスメディアなど従来の限られたメディアに囚われず、最もふさわしい中心的なメディアを幅広く設定し、さらにメディア連携を行っている点が挙げられる。そして、どの事例も広報部門が主管し行っている取り組みでないところも注目できるポイントである。

では、以上のような視点を意識しながら、以下四つの事例を検討していきたい。

2　事例検討

事例1「幸せの黄色いレシートキャンペーン」

まず一つ目は、企業が中心となっている事例である。

流通大手のイオン株式会社は、二〇〇一年八月にジャスコ株式会社から社名変更した。これを機に、同社では毎月一一日「イオン・デー」を制定し、「エコロジー（環境）」と「ローカル（地域還元）」をテーマに、全従業員が地域への貢献活動を行う日とした。そして、その中の代表的な活動として「幸せの黄色いレシートキャンペーン」を全社統一の活動としてスタートさせたのである。この活動は、現在も拡大しながら一〇年以上継続されている。

「幸せの黄色いレシートキャンペーン」（以下、イエローレシート）の流れは、**図3-1**のよう

図3－1　キャンペーンの流れ

になっており、顧客がレジ精算時に受け取った一一日限定の黄色いレシートを買物とは別の目的に活かす取り組みである[1]。

それは、店舗のある地域をより良くすることに企業として協力する一つの方向として、その地域に関わりのあるボランティア団体やNPOなどを応援する活動である。具体的には、エントリーした団体の名が書かれた棚のような形をしたボックスが店内に備え付けられており、各顧客が応援したい団体に対し、投票用紙としてレシートを投函すると、レシート金額が半年ごとに集計され、合計金額の一％相当の物品がそれぞれの団体に提供される。その物品は同社が取り扱っているものの中から、その団体が希望するものとされているが、大型スーパーなので、特別なものを除けばほとんど必要なものが入手できる。

今までの支援状況は、**表3－1**の通りである。

スタートした二〇〇一年では、二六九七団体に対して、約一八六六万円（一団体あたり約六・九千円）だったが、二〇一〇年では二万一六二二団体に対して、約二億七七八二万円（一団体あたり約一二・八

表３－１　支援状況の推移

年度	登録団体数	投稿レシート金額	贈呈相当額
2001	2,697	約18億6,615万円	約1,866万円
2002	5,944	約39億5,550万円	約3,956万円
2003	7,578	約55億2,109万円	約5,521万円
2004	8,905	約50億5,681万円	約5,072万円
2005	10,260	約57億1,306万円	約5,786万円
2006	12,614	約109億7,548万円	約１億1,141万円
2007	17,742	約211億5,780万円	約２億1,306万円
2008	20,103	約271億800万円	約２億7,216万円
2009	21,496	約267億5,219万円	約２億6,787万円
2010	21,622	約276億7,808万円	約２億7,782万円
累計		約1,357億8,416万円	約13億6,433万円

千円）と贈呈相当額が拡大している。九年間で団体数は約八倍に、贈呈相当額は約一五倍にもなっており、一団体あたりでも倍増している。

この事例における企業とステークホルダーの関係と意味を考えてみたい。

まず、関係についていえば、企業および従業員、そして対象となる地域の関係者、つまり顧客、そしてＮＰＯやボランティア団体の関わりが挙げられる。さらに、そのＮＰＯなど団体を通してサービスを受ける対象も関わってくる。このような関係をイメージすると、**図３－２**のように表現できる。

それぞれの意味を整理してみよう。エン

図3-2　キャンペーン関係イメージ

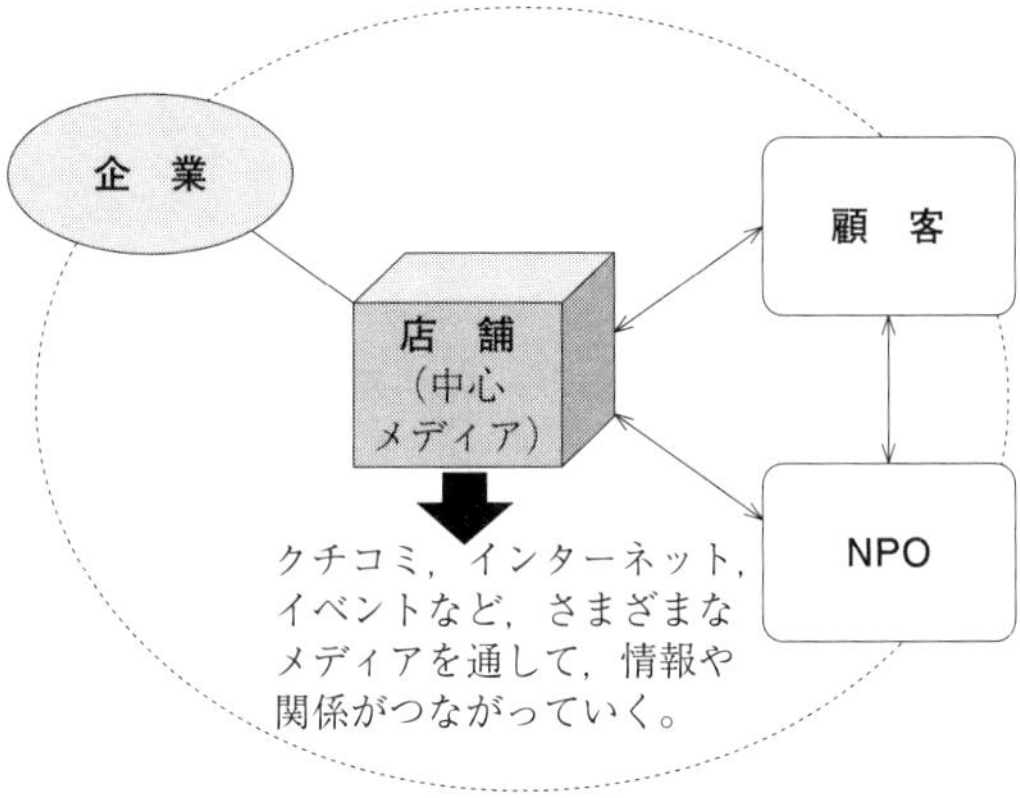
企　業
顧　客
店　舗
（中心
メディア）
NPO
クチコミ，インターネット，イベントなど，さまざまなメディアを通して，情報や関係がつながっていく。

トリーしているNPOやボランティア団体にとって、このキャンペーンの中で支援が受けられる。金額的には限られているものの、それ以上に価値があると考えられる点は、地域での認知度が上げられることにある。店舗及び企業のさまざまなメディアを通して、地域での関心が向けられるとともに、うまくすれば関心だけでなく活動への参加者を集めることにもつながる。また、他の団体をお互い知ることにもつながり、活動によってはパートナーシップにつながることも期待できる。第一義的には助成目的に見えるが、それがきっかけとなり地域における団体にとってのステークホルダーとの関係づくりに発展していくことが考えられる。

顧客にとっては、地域のこと、課題、それに関わる団体を知ることができる。そして、自己負担することなく、小さな応援をするきっかけが得られる。買い物に来た子ども連れの母親であれば、子どもに投票することの意味を説明することにより教育効果も期待できる。結果として、地域のことをより深く知ることにつながり、うまくすれば地域への愛着が強まるかもしれない。そして、関心が高ければ団体の活動に参加するきっかけにもなるだろう。

では、企業やその従業員にとっての意味はどうだろうか。

企業についてては、まず店舗で考えると、顧客を増やしリピーターにすることが期待できる。単に商品・サービスの品揃えや品質、安さだけではなく、買物後の「投票」という行為を通して地域と関わり貢献活動に参加するきっかけを得られることが付加価値として意味づけられる。もちろん、それに反応する顧客は限られているかもしれないが、新たな意味が得られることは、競合への差別化になり、顧客のリピーター化を促進させることにつながる。さらに、リピーターがファンになれば、その店舗が危機のとき、より良い理解者にもなってくれるかもしれない。

企業そのものにとっても、大きな意味が見出せる。CSRとしてのメッセージはいうまでもなく、企業のすべてのステークホルダーに対して、社会に対する企業姿勢を示し、最終的には企業ブランドの向上につながることが期待できる。

従業員にとっては、顧客と別な視点から地域をより深く知り、地域人脈づくりにもなる。また、地域貢献に関わることで仕事への誇りを生み、仕事を超えた従業員同士の関係づくり、そして最終的には職場や企業へのロイヤリティ向上につながることが期待できる。

次に、メディアとの関わりを見てみたい。

メディア活用の視点から見ると、中心となるメディアはイオンの各店舗である。そこでの活動が、関係するステークホルダーのクチコミやインターネットなどを通して紹介され、認知が広がっていく。取り組み内容によってはマスメディアの記事として取り上げられる場合も期待できる。関係するメディアはさまざまだが、情報の生まれる源は店舗である。この取り組みは、店舗を通して人と情報がつながり、地域におけるステークホルダーとの関係を多様に築いていくことにつながっている。

この事例に見られる協働広報は、単なる情報のやり取りだけではなく、一定の時間とともに蓄積される関係や共通体験が存在する。キャンペーンが一〇年以上継続していること自体、この仕組みや取り組みの完成度の高さを示している。

そして、このような協働関係を成立させ、信頼関係づくりにつながる完成度の高い取り組みを展開していくためには、二つの重要なファクターが認められる。一つは、仕組みを発想し企画する力であり、もう一つは関係をつなぐ存在つまり「つなぎ手」である。協働広報を支えるファクターについては、他の事例とともにまとめとして後述したい。

同社では、この「つなぎ手」の役割は環境・社会貢献部が担当し、各店舗の幹部と連携しながら展開しているが、このようなCSRと重なる取り組みは、広報部門というよりCSRに直結する部門が現状では関わりやすいと考えられる。

事例2『多摩ら・び』

二つ目は、企業が中心となり、地域に関わりのある行政やNPOと連携した事例である。『多摩ら・び』は、東京都の多摩地域を対象に発行されている地域情報誌である。発行元は「株式会社多摩情報メディア　多摩らいふ倶楽部事務局」となっている。そして、企画はその親会社の多摩信用金庫である。この雑誌の特性について、まず押さえておく。

多摩信用金庫は東京都多摩地域を事業エリアとする金融機関である。多摩地域は都心のベッドタウンであるとともに、さまざまな企業、事業者が存在し、同社は多摩地域全体を本業である金融業務だけでなく、さまざまな地域貢献を通して支えている。

その活動の一つに「多摩らいふ倶楽部」があり、その会員誌として『多摩ら・び』を発刊している。一九九七年から発行され二〇一一年八月時点で六九号を重ねる『多摩ら・び』は会員誌にとどまらず、地域情報誌として多摩地域の書店でも市販され、とくに特集として取り上げられる地元から注目を集めている。発行部数は約二万四〇〇〇部で、そのうちの二〜三割程度が市販されている。発行回数は、現在隔月刊を基本としている。

この媒体は、一九九九年以降多摩地域にある多数の駅にフォーカスし、その駅を中心とした地域の魅力を順次紹介するスタイルを継続している。多摩地域は三〇余りの自治体が存在しており、年間六回という発行回数を考えると、約五年でひと回りすることができる。地域情報は、五年間でかなり変化する。つまり、このようなサイクルでの特集の展開は、地域情報の鮮度を保持しながら、多摩地域全体の最新事情を提供し続けている仕組みになっている。実に考えられた企画といえる。

とくに注目できる点として、二〇〇七年の「小平特集」からは図3-3のように、企業、行政、NPO、市民の協働による編集・制作が行われている(2)。

それは、企業、行政、NPO関係者による編集会議に基づき、行政が公募した市民レポーターが取材、原稿執筆を行う。そして、地元出版社が編集し、地域情報誌として発刊されるスタイルである。

図3-3　『多摩ら・び』関係イメージ

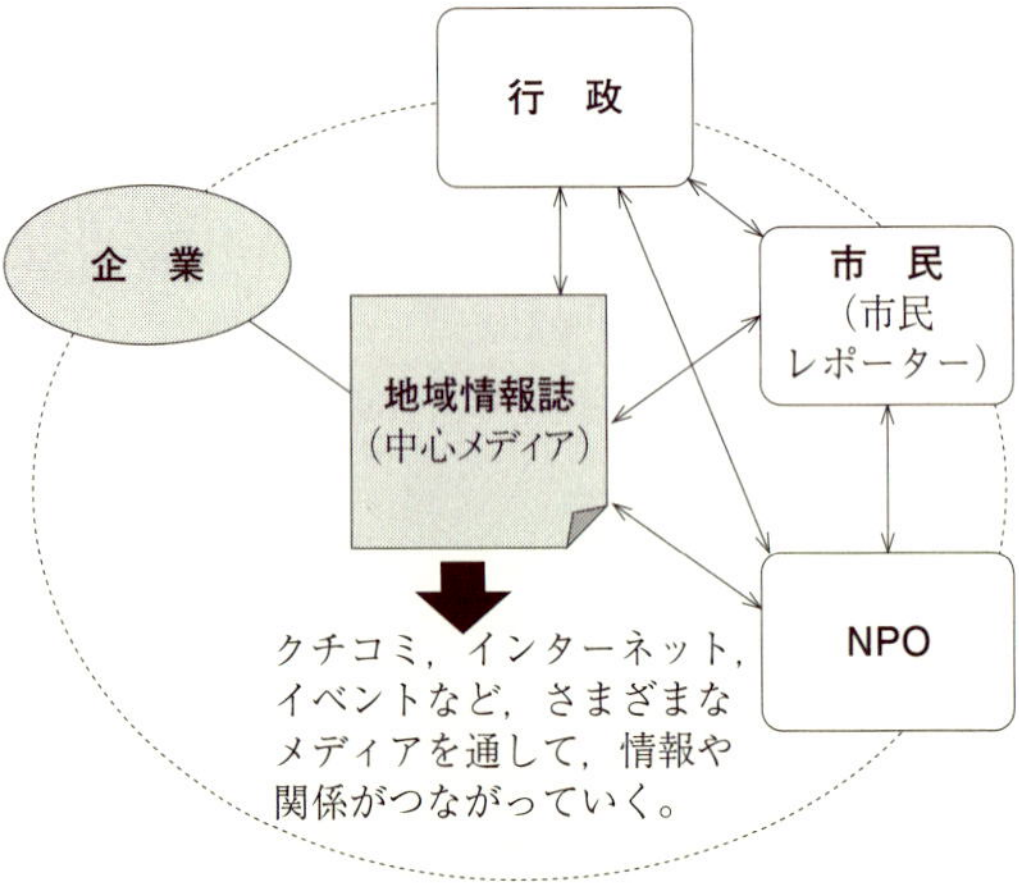

ステークホルダーそれぞれにとっての意味を考えていくと、多摩信用金庫にとってこの取り組みは、金融支援以外でのさまざまな地域支援の一つとして位置づけられる。この取り組みを主要業務としているのは同社の価値創造事業部であるが、業務の上では地域のネットワーク支援の一つとして考えられており、広告宣伝費の中から継続的な発刊への支援が行われている。このことからわかるように、この媒体の目的は単なる地域情報の提供にとどまらない。どちらかというと、地域のステークホルダーとのさまざまな関係を築き、維持し続けていくための仕掛けといえる。

そして、この媒体はその編集・制作プロセスも含め、行政や市民にとっても地域の魅力

図3－4　『多摩ら・び』関係イメージ

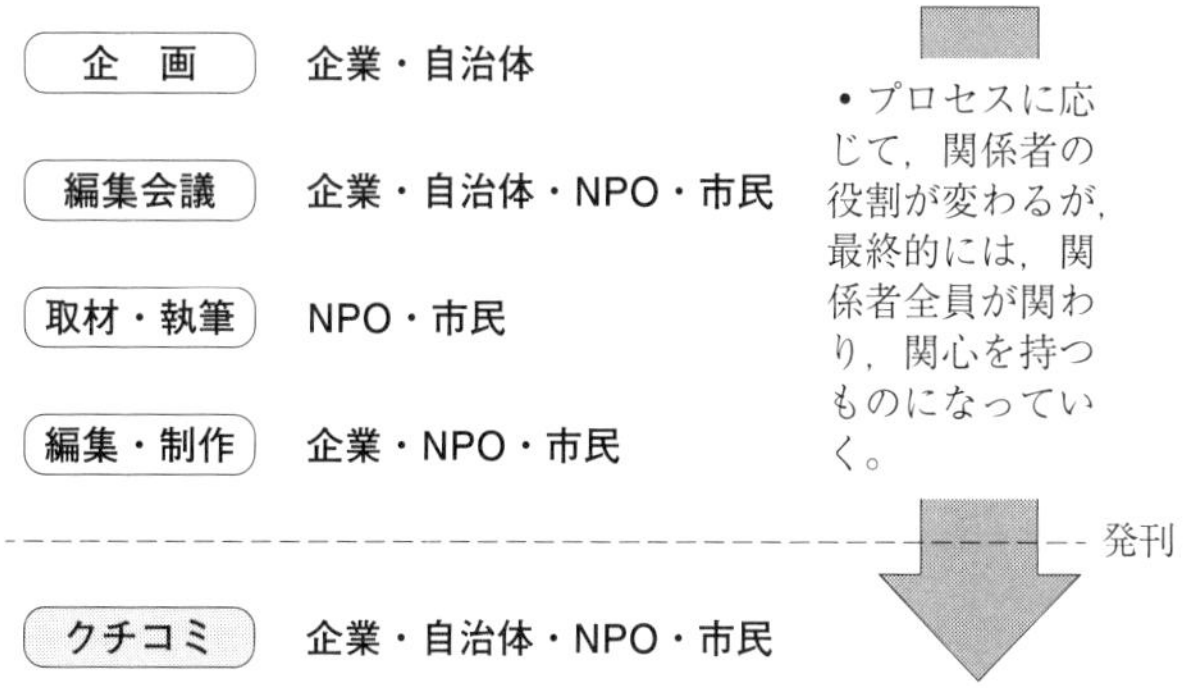

を再発見し、地元への愛着を育てる大切な役割を果たしている。

　次に、企画から発刊までのプロセスを関係性の視点から詳しく見ていきたい。そのプロセスを簡単にまとめると、**図3－4**のようになる。

　まず、企画は多摩信用金庫と特集する地域に関わる自治体によって行われる。そして、その企画を実現するメンバーとして、自治体の広報紙（誌）やＷｅｂサイトなどを通して市民、ＮＰＯへの参加が呼びかけられる。編集会議は、参加メンバーも加えた、企業、行政といった関係者全体で行われ、参加メンバーによって構成される「市民レポーター」が取材、執筆を行う。編集・制作に関しては、地元出版社が中心となり、「市民レポーター」とともに行われている。注目できるのは、発刊後「市民レポーター」を中心に、取材対象者も含め関係者からクチコミで、その地域に広く情報、関心が浸透していく点である。

このように、プロセスに応じて関係者の役割が変わりながら、最終的には関係者全員にとって関心の深い取り組みとなっていく。

この事例は、地域に根ざした企業がイニシアティブを取り、ステークホルダーをつなぎ、継続的に関係を育てている取り組みといえる。その企業にとっては、多摩地域全体が事業領域と重なっているため、地域における企業の存在感を高めるとともに、地域の最新情報を得る仕組みにもなっている。一方、この仕組みを通して、行政は市民に地域への関心を高めるとともに、行政に対して目を向けさせるきっかけになることが期待できる。またNPOにとっては、市民をはじめ、行政、企業に存在感をアピールするとともに、それぞれとの関係を深めていくことが期待できる。

メディア活用の視点から見ると、中心となるメディアは地域情報誌『多摩ら・び』である。その定期発行に伴うプロセスそのものが、地域におけるステークホルダーをつなぎ、関係を継続していく仕組みとなっており、発行に関わった関係者に読者を加えたステークホルダーのクチコミやインターネット上でのブログ、SNSなどを通して、地域情報への認知が広がっていく。この媒体は、単なる出版社による地域情報誌と異なり、中心となっている発行元企業と多様なステークホルダーが関わる仕組みが地域情報誌の企画・編集・制作スタイルの中に内蔵されている。また、この媒体は地域の会員制「多摩らいふ倶楽部」の会員誌でもあるとともに、会員に対するさまざまなイベントなどの場ともつながっている。

担当部門である価値創造事業部にとっては、このような仕組みを企画し、多様な関係者を巻き込み、彼らとの調整を図りながら、効果的に実行していくことが、とりわけ重要な役割だと考えられる。この事例においても、「企画者」であり「つなぎ手」であることの意味が、協働広報に必須要件であることをうかがわせている。

事例3「津のこと」

三つ目は、NPOが中心になり、さまざまな関係をつないでいる事例である。「津のこと」は二〇〇八年末にスタートしたユニークな取り組みである。津市の地域振興室(当時)から委託を受け、NPO法人津市NPOサポートセンターが管理・運営しているインターネット上を中心的な活動の場とした事例である。この活動の目的は津市のシティプロモーションだが、まず背景を押さえておきたい。

津市は「津市総合計画2008→2017」の中で、シティプロモーションを位置づけている。その一環として、「知の拠点」の情報発信ツールを構想し、津市の地域情報を発信する「市民特

図3－5　「津のこと」のサイト・トップページ

派員」を考えた。しかし、他の自治体でも見られるような単なる自治体が直接公募する「市民特派員」ではなく、委託先である津市NPOサポートセンターの提案を踏まえ、インターネットを最大限に活用した実験的な試みをスタートさせた。それは、ポータルサイト（**図3－5**）をベースとして、津市に関心のあるさまざまな人と情報をつなげていくことを主眼とした取り組みである。

　このサイトの特徴は、ブログポータルという仕組みを取っている点にある。津に関わることであれば何でもよいという条件で市民特派員を募集し、彼らがブログで書いた記事が「津のこと」の新着情報として一定の編集が加えられアップされるという仕組みである。ただ、市民特

図3-6　「津のこと」関係イメージ

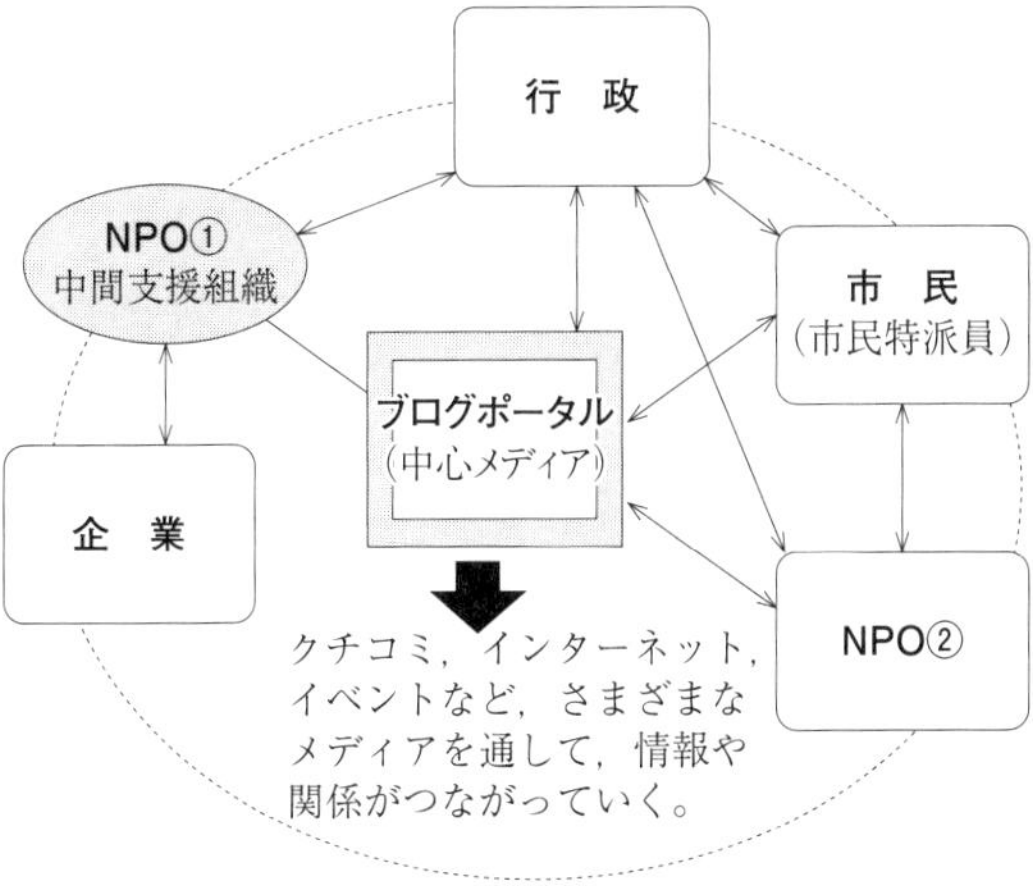

派員のブログは特定のものに限らず、それぞれが運営しているものであれば何でもよい。つまり、津市に関心のあるブロガーの日常的な気持ちを随時吸い上げ、共有の場に顕在化させる試みといえる。書かれる記事は必ずしも津市のことに限らず、特派員の日常的な些細な出来事の場合も少なくないが、広い意味で津に関わることとして認められている。市民特派員の幅、制約はとても柔軟性のあるものとなっている。この点は、NPOならではの柔軟性がうまく出ているといえる。

　二〇〇九年四月時点で、市民特派員は一〇〇名を突破し、二〇一一年九月時点では三〇〇名にまで拡大している。そして、市民特派員の拡大に伴い、着実に日々新着情報が集まっている。

このサイトに関わる協働関係は、**図３－６**のように複雑である。津市が中間支援組織であるＮＰＯへ委託し、そのＮＰＯから市民や市内で活動しているＮＰＯが緩やかにネットワークされている。また、サイトの運営にはコミュニティビジネスに関心の強いＩＴ企業が継続的に関わっており、さまざまな技術支援を行っている(3)。

ステークホルダー関係では、行政である津市の広報部門ではなく地域振興室がこの活動の大本であり、三年間に限定し年間三〇〇万円の予算でこの取り組みをＮＰＯ法人津市ＮＰＯサポートセンターに委託している。しかし、実質的には委託されたＮＰＯがイニシアティブを取り、多様なステークホルダーを束ねる役割を担っている。

この取り組みのそれぞれのステークホルダーの意味を考えてみると、市にとっては、市民が日々活動し実感していることや声が、緩やかな制約の中で自動的に「見える化」してくるところに意味があり、市民の息づかいを感じ、さらにいろいろなニーズを確認する仕掛けになっているといえる。一方、市民特派員にとっては日々のブログを更新する中で、より多くの地元の人へ情報、話題を届けることにつながっている。関係するＮＰＯそれぞれにとっても、地元での活動がブログ上でのクチコミを通して広く伝わりやすくなっており、ＮＰＯ相互の関係づくりにもつながっている。そして、基盤を支えているＩＴ企業にとっては、まちづくりの仕掛けを開発するとともに、地域とのさまざまな関係づくりにもつながっている。

メディア活用の視点から見ると、中心メディアはブログであるが、シティプロモーションにつながるイベントを仕掛けたり、市民活動情報誌『newz N-STYLE』を定期的に発行したりといったように、多様なメディア連携によりシティプロモーションの盛り上げを図っている。

市の広報活動として見たとき、自らはプロデュースする側になり、実質的には委託先がディレクションしている協働型の活動といえる。このようなやり方により、まず地元に関心を持ってもらいたい市民やＮＰＯが参加しやすい環境を作るとともに、地域情報のソースを行政自らがまとめ提供するのではなく、当事者から日々発信してもらうスタイルに転換することができている。

そして、取り組みの主要な企画作成や「つなぎ手」の役割は、委託されている中間支援のＮＰＯがしっかりと果たしていることがわかる。

事例４「電車と青春21文字のメッセージ」

最後の事例は、ＮＰＯと企業のパートナーシップが軸となり、多様なステークホルダーとの関係を構築しているものである。

ことの始まりは二〇〇一年に遡る。当時、滋賀県大津市における行政主導のまちづくりの取り組みとして「大津・志賀地域まちづくりNPO会議」が発足した。全国どこにでも見られるような取り組みである。

ただ、二〇〇二年その中からユニークなアイデアが登場した。それは地元の足となってきた京阪電車石坂線を活用するというものである。同路線は、大津市の石山寺駅と坂本駅を結ぶ一四・一キロ、二一駅といったローカルな二両連結の電車が走る路線である。そのアイデアは、小学生による沿線のマップづくりと、石坂線二一駅の顔づくりであり、二〇〇三年予算化され実行に移されていった。そして、沿線には多くの学校があることもあり、駅を使った美術展示やコンサートなどが行われるなど、「顔づくり」はさらに発展していった。

二〇〇四年には、石坂線二一駅顔づくり事業が大津市の「まちづくりパワーアップ夢実現事業」に採択された。そして、翌年具体化した取り組みは、電車そのものを「まちづくりメディア」として活用する「一四・一km日本で一番細長い美術館」という企画だった。各駅で活動する人たちの作品を電車の中に展示して運行する電車は「石坂線文化祭号」と名づけられ、地元に再発見された日常的な場として、多くの人の関わりが生まれていった。たとえば、大津商業高校の放送部が車内放送を担当し、各学校の取り組みの紹介などが行われた。

図３－７　京阪電車石坂線と車体に描かれた入選作品

　このような取り組みの中で、石坂線の利用者の声や関係者の思いに基づき、さらに企画を発展させたものが、二〇〇七年からスタートする「電車と青春21文字のメッセージ」（以下、「電車と青

春」）である。これは、石坂線二一駅にちなみ、青春を乗せた電車の思い出を二一文字に込めた、川柳や短詩を全国から募集するイベントであるが、単なる募集にとどまらず、入選作品を電車の車体や車内に展示したり（図3－7）、同時代に同じ路線で通学していた人たちが乗り合わせる「学校の垣根を越えた同窓会『青春同窓会号』」として運行する試みまで行われたりしている。今までの取り組みのユニークさが、しっかりと継承されている。

この企画は大成功し、二〇〇七年の募集では全国から二三五五通、二〇〇八年では二六二一通と応募が集まった。また、パブリシティとして多くのマスコミでも紹介され、「第五回パートナーシップ大賞」グランプリ（二〇〇七年）や「あしたのまち・くらしづくり活動賞」内閣官房長官賞（二〇〇八年）など、いくつかの社会的評価も得ている。そして現在も企画は継続しており、毎年二〇〇〇通程度の応募がある。

ステークホルダーの関係（図3－8）と、それぞれにとっての意味考えてみたい。

この企画の中心となるステークホルダーは、NPO「石坂線21駅の顔づくりグループ」と京阪電気鉄道株式会社大津鉄道事業部の双方となる。どちらを中心においても構わないが、同地域のまちづくりを共通の目的とし、企業、NPO、行政が関わっている。また鉄道の利用者や沿線の学校、協賛企業、そして全国の投稿者など関係の広がりが認められる。

図３－８　「電車と青春」関係イメージ

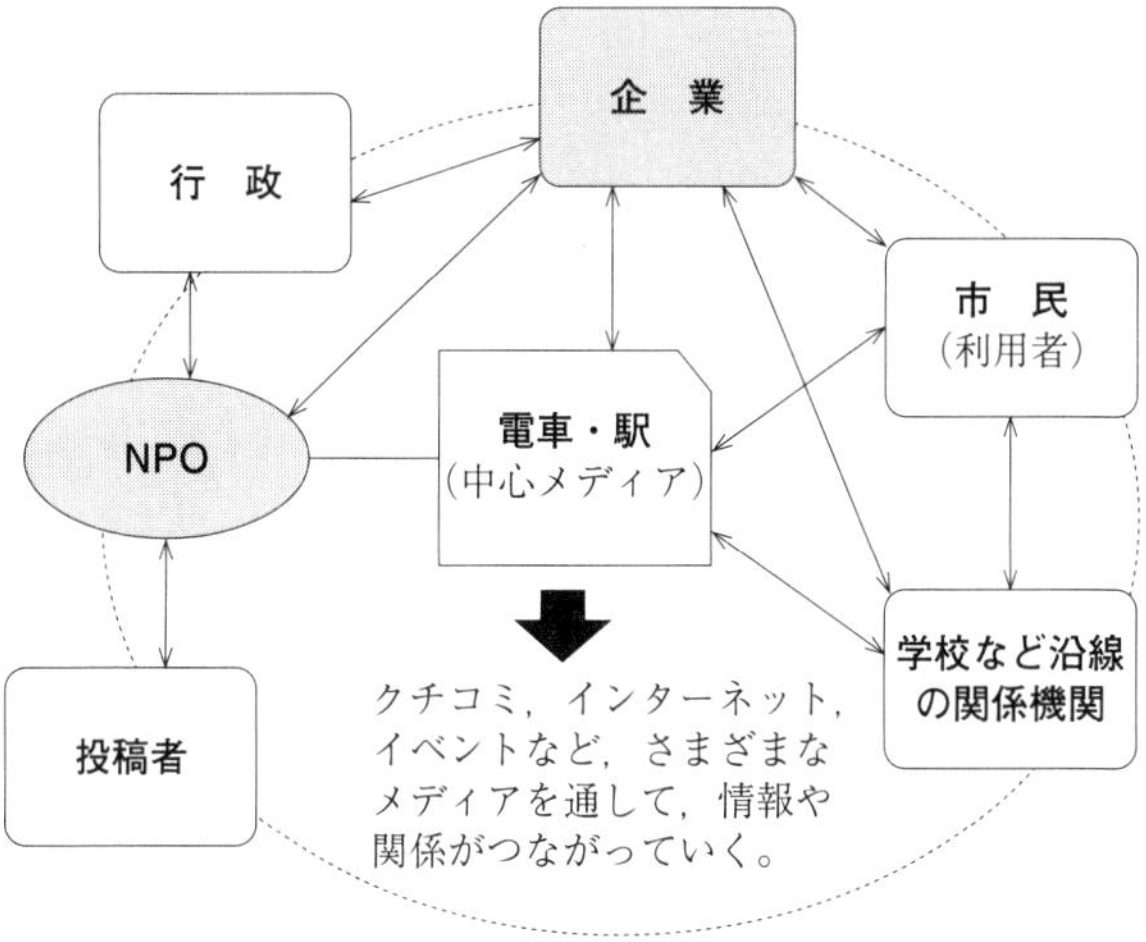

京阪電鉄にとって、利用者を維持、拡大していくとともに、沿線への地域貢献につながっている。ＮＰＯは、まちづくりのテーマの展開の中で生まれてきたグループだが、テーマそのものがミッションであり、それが継続性のある形で具体化していくこと、それにより地元の市民やその出身者にとっての地域への愛着が高まっていくことが期待されている。行政にとっては、まちづくりがユニークな形で継続的に行われていくこと、またそれが地域ブランドにつながっていくことが期待されている。その他、利用者にとっては交通手段が多義的な意味を持つことで、新たな関係や喜びを生み出すこと、学校にとっては地域との関わりを

増やすことによって、教育活動が豊かなものになっていくことが考えられる。さらに、投稿者にとっては、毎年イベントを通じて同地域と関わる機会になっている。

メディア活用の視点から見ると、中心メディアは電車や駅といった空間、場であり、シティプロモーションにつながるイベントが定期的に仕掛けられ、その内容がマスコミやクチコミなどさまざまなメディアにより広がっていくことがわかる。

この事例は、企画自体NPOと企業が主に担っており、同時にこの取り組みの「つなぎ手」にもなっている。そして、両者を核にステークホルダーとの関係が多様に広がり、継続的な協働広報のスタイルが確立してきているといえる。

3　事例からの示唆

以上、四つの協働広報の事例を見てきたが、共通の視点から事例が示唆する考え方を整理していきたい。

共通の視点としては、次の三つが挙げられる。一つ目は関係性を築く企画主体、およびその企画のあり方である。二つ目は、関係を築く「つなぎ手」の存在である。そして三つ目は、関係の継続性を生み出す考え方、メディアとの関わりである。

企画、つなぎ手、継続性

まず企画主体については、「イエローレシート」の場合は企業の担当部門、『多摩ら・び』の場合は企業と自治体の関係部門、「津のこと」の場合は中間支援としてのNPO、そして「電車と青春」の場合はNPOと企業が担っており、いずれもが関係する地域と深く関わる企画となっている。

これらを別の観点から眺めてみると、社会性と事業性という共通するキーワードが出てくる。具体的にいえば、「イエローレシート」はイオンの環境・社会貢献部、すなわちCSRをトータルに担う部門がイニシアティブを取っている。『多摩ら・び』では地域支援を業務として担っている多摩信用金庫の価値創造事業部、「津のこと」では津市NPOサポートセンター、そして「電車と青春」はその企画テーマそのものをミッションとしているNPO「石坂線21駅の顔づくりグループ」が中心となっている。なお、『多摩ら・び』では、関係する自治体（協働支援関係部門）、「津のこと」では津市（地域振興課）、「電車と青春」では地元のインフラ企業である京阪電鉄がパートナーとなっている。

つまり、企画を生み出す上で、社会性と事業性のバランスが重要になっており、それを最も継続的に担える主体がイニシアティブを取るスタイルが、協働広報には求められると考えることができる。もちろん、企画をさらに練り上げていく上で、多様なステークホルダーが関わっていることはいうまでもない。あくまで企画主体とは、企画の柱を支え続けていく存在を意味している。

次に、「つなぎ手」について考察していく。前提となる言葉の理解から、まず押さえておきたい。それは、多様な関係をつなぎ、ファシリテートしていく「つなぎ手」という考え方には、深い意味が込められている。この言葉は、もともとメセナ活動において企業とアーチストやアート系NPOをパートナーとしてつなぎ活動している取り組みをまとめた「ドキュメント2000実行委員会」報告書にヒントを得て、筆者が独自に使っているキーワードである。言葉の意味を簡単に説明すると、活動範囲をメセナ活動に限定せず、幅広く社会と関わる活動に広げ、また社会学やコミュニティ心理学の中で使われる「チェンジ・エージェント」、すなわち社会的な課題解決に向けコミュニティの変革を促進していくファシリテーターの役割を付加したキーワードとしてイメージしている。

協働には、多様なステークホルダーが前提として存在しているので、それらを効果的につなぐことが重要である。それぞれの事例から具体的に考えていくと、「イエローレシート」では、店舗そのものが「つなぎ手」となっている。とくに、イオンでは期間限定で利用者から選ばれる「副店長」が、地元とのつなぎの役割を担う部分が大きい。『多摩ら・び』では、その地域でまちづくりの中心的な役割を担っているNPOやキーパーソンが該当すると考えられる。「津のこと」の場合は、中間支援NPOの中のキーパーソンであり現在代表者がその役割を担っている。「電車と青春」では、NPOの代表と企業の担当責任者の双方が該当するといえる。

協働広報では、継続的な関係づくりに力点が置かれているため、「つなぎ手」の存在やその役割は大きい。どれだけ多様なステークホルダーを巻き込み、また影響力を与えられるかが、活動全体に関わってくる。そして、上記の「つなぎ手」を見ると、多様なステークホルダーとの関係を作りやすいポジションにいる点に加え、その活動において象徴性の伴う存在であることがわかる。象徴性には、もちろんその人物の周りを引きつける人間的な魅力も組み込まれている。関係における象徴性と影響力は「つなぎ手」の資質として期待されるものともいえる。ゆえに、企画主体と必ずしも重なっているとは限らず、また従来の広報部門とも直結するとは限らない。

さらに三つ目の、関係の継続性を生み出す考え方、メディアとの関わりについて、考察を進めていく。

最初に継続性について考えてみると、いずれもが「行事化」する企画となっており、長さはさまざまであるが一定の期間をサイクルとしている。「津のこと」は日々のブログ投稿がベースとなっているが、地元の祭など年中行事と絡めたイベントを活用した仕掛けが多く見受けられるので、それぞれが活動における「行事化」とつながっているといえる。

さらに、「参加性」を意識した企画が前提となっていることがわかる。投票、記者としての執筆、ブログ記事、投稿といったように、活動に多くの参加が組み込まれる工夫が見られる。このことは、メディアとの関わりについても同様のことがいえる。それぞれ見てみると、店舗、地域情報誌、ブログ、電車・駅といったように、人や情報が集まりやすいメディア特性が認められる。

メディアに対する考え方としては、まず中心となる参加性の伴うメディアを充実させることにより、メディア連携を通じて多様なメディアに広がりを見出していく展開の流れが見られる。たとえば、クチコミ、マスコミ、その他さまざまなメディアとのつながりと流れがイメージできる。考え方として重要な点は、まず「関係」を築きつつ、活動のプロセスを通してコンテンツを充実させ、さらに多様なメディアを活用し、認知や関係をさらに広げていくことである。

このように考えてくると、協働広報とは、共通の目的に基づく活動プロセスの中で、さまざまなステークホルダーと共有する情報や思い、そして理解を広げ、より良い関係を継続的に構築していく広報スタイルと見ることができる。

従来の広報と協働広報の比較

従来の広報のあり方と比較しながら、さらに考察を進めていきたい。

従来の広報スタイルは、組織の中に広報を担う部門を設けるところからスタートする。組織が目的、目標とするゴールに応じ、メディア戦略を立案し、実行に移していく。ステークホルダーとは、戦略に伴うメディアを通じて関係が生まれてくる。コミュニケーションの方向としては、マスメディアや広報紙（誌）を主に据えたものが多いことから、一方向的なものになりがちである。コミュニケーション効果は、メディアでの露出の仕方やメディアそのものの出来不出来によらざるをえない。しかし、どんなに素晴らしい露出やメディアができたところで、それがステークホルダーにしっかりと届き、新たな行動に結びつかないと徒労に終わってしまう。このような二つの大きなハードルが、効果検証の難しさとして横たわっている。そして、往々にして最初のハードルを越えるところで、従来の広報活動は力尽きてしまうことが多く見られる。

一方、協働広報の広報スタイルを考えてみると、目的、目標に向けて企画主体が企画を発想するところがスタートとなる。そして、ステークホルダーとの関係を築き、企画を実現していく上で有効な「つなぎ手」が見出される。そして、企画を実現していくプロセスの中で、ステークホルダーによる参加が広がり、関係が拡大していく。さらに、その取り組み自体が継続化していく

図３－９　それぞれの広報スタイル比較
（上：従来の広報　下：協働広報）

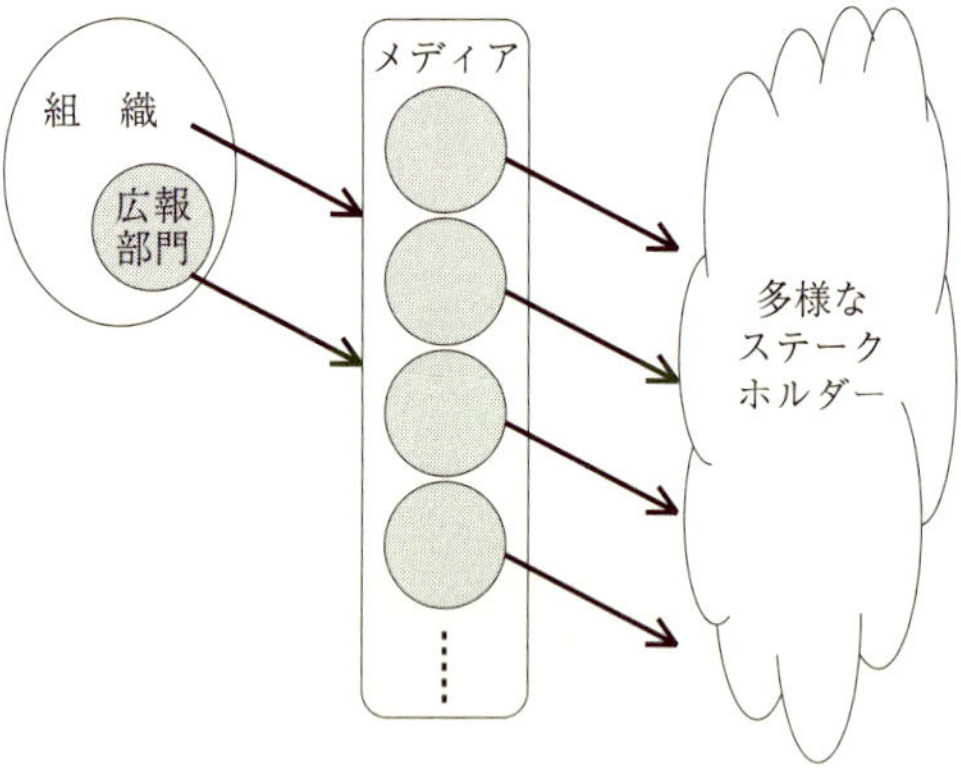

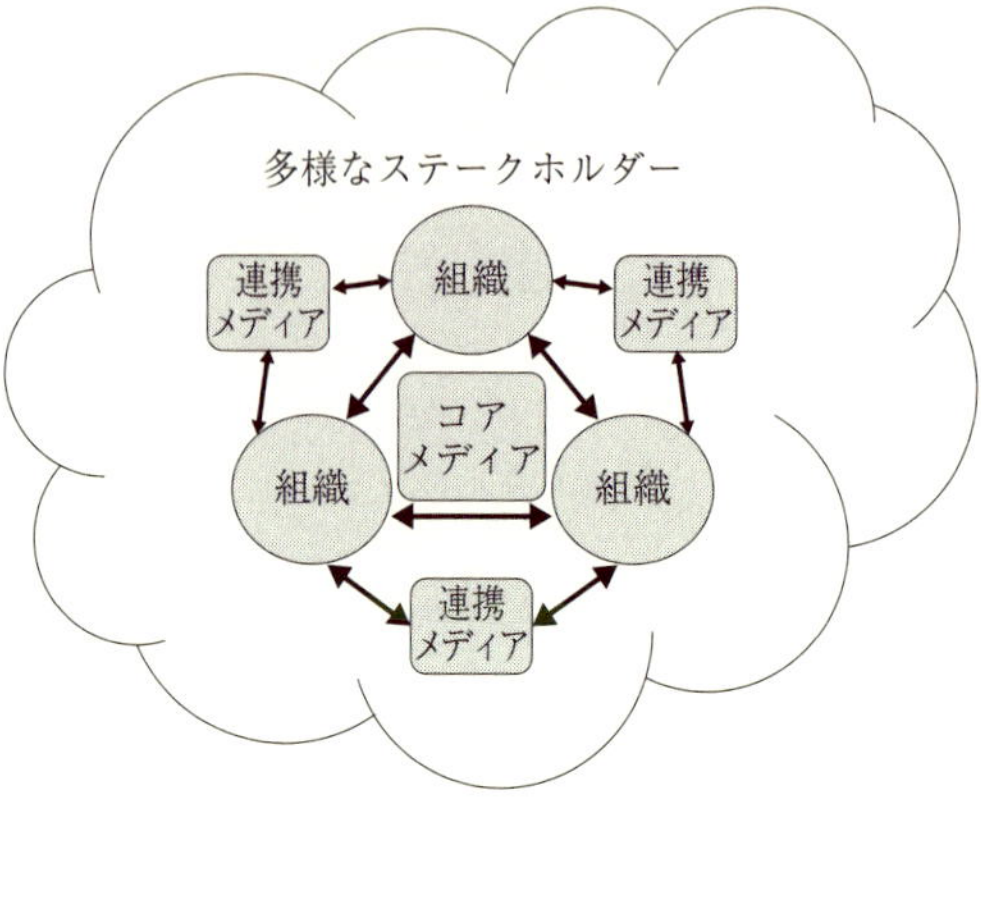

ことにより、関係は安定化してくる。コミュニケーション効果は、企画の継続化と関係の広がりにより検証できる。イメージとしては、**図3－9**のようになるが、従来の広報スタイルと協働広報による広報スタイルとでは、広報の捉え方にパラダイム転換がある。

それは、前章でも触れたように「脱中心化」という視点であり、それと連動する形で重要性が高まる「ファシリテーション機能」への役割期待である。

協働広報の場合は、大きな目的に応じて関係する組織や個人が企画を立案し、中心となる関係を築いていくことが前提となっている。そのため、ある特定の組織の広報部門が中心となるわけではない。つまり、関係するステークホルダーそれぞれが自らの立場で関係を広げながら、企画の具体化や目標達成に向け並行して動いていくことになる。

ここでいう「脱中心化」とは、中心がないという意味ではない。中心が一つだけではなく、ステークホルダーごとに多様な中心が大小さまざま生まれていくことを意味している。ちょうど、ネットワークのハブのようなイメージで捉えるとわかりやすい。

このことは必然的に「つなぎ手」の役割に結びつき、それが果たす「ファシリテーション機能」が企画全体の成功やそれに伴うステークホルダーの関係の継続的な広がりにつながってくる。「つなぎ手」の資質や「ファシリテーション機能」のもたらす効果などについては、次章でさらに深く考えていく。

注

（1）イオンの以下Ｗｅｂサイトを参照。
http://www.aeon.info/environment/social/aeonday/yellow_receipt.html　2011/09/20
（2）多摩信用金庫の価値創造事業部責任者へのインタビュー（二〇〇九年二月）による。
（3）ＮＰＯ法人津市ＮＰＯサポートセンターの事務局長（現、理事長）へのインタビュー（二〇〇九年二月）による。

第4章　協働広報の担い手

1　協働広報のポジショニング

本章では、前章までの流れを踏まえ、人間的な視点、すなわち協働広報の「担い手」を中心に考えていきたい。担い手のイメージが明らかになることにより、今後に向けて協働広報の具現化が促進されると考えるからである。

まずその前提として、協働広報という新しい発想が、広報全体の中でどのように位置づけられるのかについて整理しておこう。

改めて二つの定義を示しておくと、

図４－１　５つのコンセプトの関係（再掲）

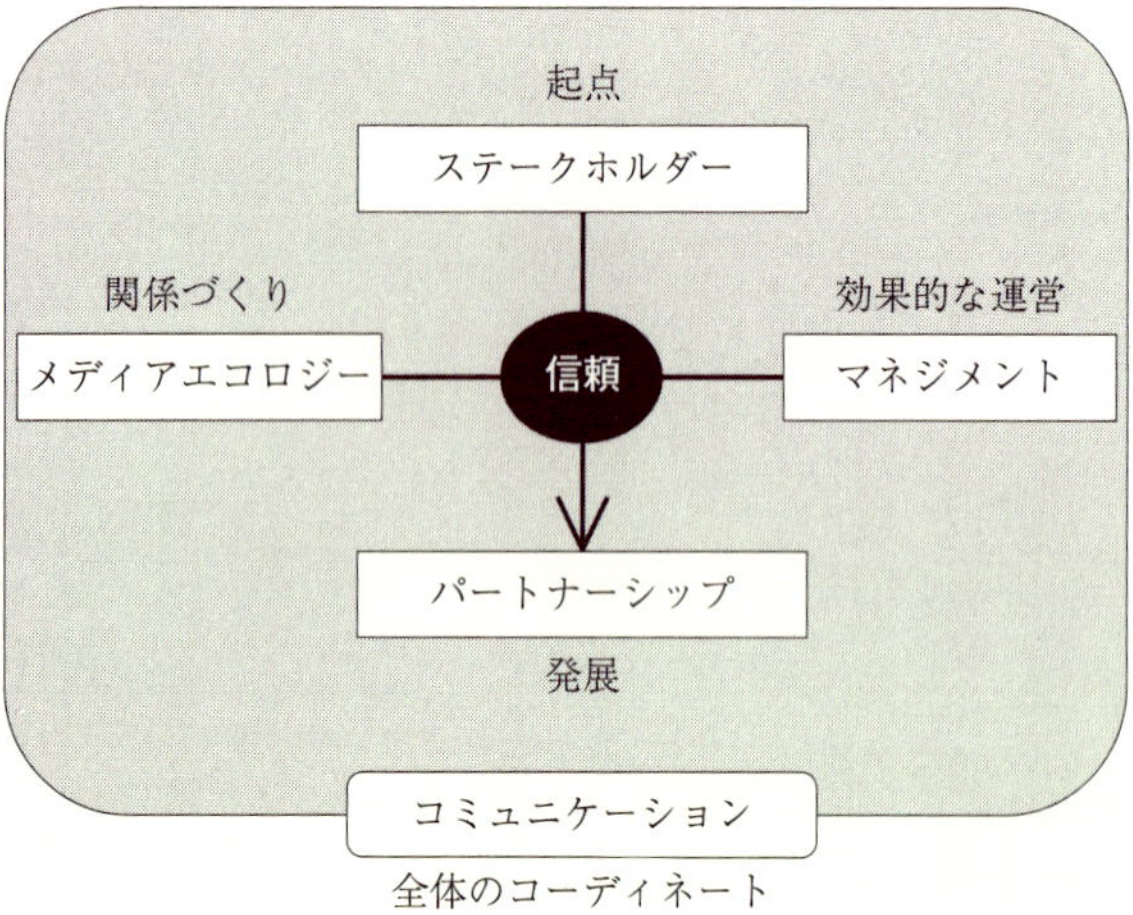

「広報とは、その組織体とステークホルダーの間に信頼関係を創造し維持する機能であり、社会的利益にかなうものである」。

「協働広報とは、組織及び地域、社会の共通課題に対し、ステークホルダーが協働し、その解決を図ることを通して、相互の信頼関係を継続的に高めていく活動である。また、その活動ではステークホルダー相互へのファシリテーションが、不可欠な機能として求められる」。

さらに、五つのコンセプトによる広報の全体イメージ図を再掲すると**図４－１**のようになる。

広報の五つのコンセプトの中で、協働広報は「パートナーシップ」を中心に、従来の広報の取り組みをより高次のレベルで発展させたものと考えることができる。

ただ従来の主要な広報活動であるパブリシティ及び広報メディア制作を軸としたメディア・リレーションや危機管理広報、そして組織内コミュニケーションといった取り組みは、これからも必要とされることは間違いない。しかし、協働広報の視点に立った取り組みが、今後社会からの要請の中でより多く求められていくだろう。

協働広報の特徴は、まず課題解決型であること、ステークホルダー相互のパートナーシップを前提にしたものであること、そして目標達成に至るプロセスの中で関係構築が図られていくものであることが指摘できる。そして、それらを有効に機能させる上でファシリテーションが重要な役割を担っていく。とくにこの点は詳しく後述するが、従来の広報では、ほとんど注目されてこなかったポイントである。

では、次に協働広報の担い手をどのようにイメージするか、考察を進めていきたい。

2　期待される担い手の要件

まず、広報にとって時代を超えて変わらない部分としてメディアとの関わりや姿勢から考えていく。

メディアエコロジスト

広報の担い手にとって、メディアをいかに活用できるかは、仕事の質に直結する。しかし、単にうまくパブリシティができるとか、興味深い広報紙（誌）が制作できるとか、また立派なWebサイトの制作や運営ができるとかといったような、手段に関わる部分的なものではない。

前提として、マスメディア、Web、パーソナルメディアを広く理解し活用できることが求められる。特に、対人的なコミュニケーションはすべてのメディアの基礎となる。どのようなメディアを活用するにあたっても、ステークホルダーと情報ニーズを見極めることは同じである。そして、目的に応じて、どのようなタイミングでどのようなメディアを組み合わせながら、目的に近づけていくかをプロデュースできることが担い手には期待される。

メディアエコロジーの考え方はすでに述べたが、メディア活用について常にその発想に立ち、広報活動のイメージを描くことができることが求められる。そのような担い手の特徴を「メディアエコロジスト」と名づけたい。

協働広報の視点に立ったとき、身近な対話から生まれた小さな発想やアイデアを丁寧に育てながら、さまざまなメディアで多様に展開できることが重要である。別のいい方をすれば、メディア・リッチネスの高いパーソナルメディアから、Ｗｅｂで飛躍させ、さらにマスメディアで一般的な話題にまで発展させていくようなイメージを描くことができる。また、Ｗｅｂで生まれたアイデアを身近な関係者の中で練り上げながら、タイミングを見てマスメディアで幅広く社会に語りかけていくイメージも考えられる。逆に最初からマスメディアにより、広くメッセージを届けるのは従来の広報活動でも十分できる。

いずれにしても、メディアエコロジストは、コンテンツを発見し育てること、そしてメディアを使い分けたり連携させたりしながら、関係を広げつつ多様なコミュニケーションの展開ができるような、プロセスを適切にマネジメントしていける考え方とスキルがとくに必要とされる。

つなぎ手

「つなぎ手」の基本的な考え方については、前章で少し触れた。改めて以下の視点をまず確認しておく。
［視点1］　多様な関係をつなぎ、ファシリテートしていく「つなぎ手」という考え方
［視点2］　社会的な課題解決に向けコミュニティの変革を促進していくファシリテーター
多様な関係をつなぐためには何が必要とされるだろうか。一つは、相手をしっかりと理解し、相手の発想がイメージできることである。もう一つは、共通の課題を理解した上で双方の利益を考え、バランスの取れた現実的な発想ができることである。
ときに、双方の異なる考え方の板挟みになることも十分考えられる。そのようなとき、共通の課題を再確認させながら対話を重ね、粘り強くコンセンサスを見出していく調整能力が求められる。
次に、変革を促進していく点についても考えてみたい。この点は当然、多様な関係をつなぐことと重なり合う部分だといえるが、「マージナル」という視点に注目してみよう。
そもそも「マージナル」とは、辞書によれば「縁の、辺境の、傍流の」、また「些細で重要でない（こと、人、グループ）」と一般的には消極的に捉えられている。しかし、社会学ではロバート・E・パーク（一九二九年）により、「マージナル・マン（marginal man）」として積極的に捉えられ、「二つないしそれ以上の異質的諸文化のマージン（限界）に立ち、既成のいかなる

文化には十全に帰属していない人間」と定義されている[1]。

今回は、後者の積極的な意味から捉えていきたい。それにより、境界の向こうにある異質な考え方、文化を積極的に受け入れていくこと、また受け入れたことにより、新しい考え方や方法を見出していくことを、マージナルな意味として強調できるからである。

つまり、何かを変革していくためには、組織の際に立ち、ステークホルダー双方の文化の違い、価値観の違いに注目し、その差異を梃子に新しい価値を見出していくことが考えられる。協働広報の場合は、新しい価値に当たるものは何よりも課題解決であるとともに、新しい関係を紡ぎ出していくことになるだろう。

つなぎ手には、ステークホルダー相互を巻き込み、関係をつなぐこととともに、組織のマージンから立場の異なる相手の持つ双方の強みを引き出し、新しい価値を生み出していく大切な役割が認められる。協働広報には、そのような存在が不可欠であり、その働きいかんによって成果が大きく変わってくる。そして、姿勢や考え方、スキルの中核を占めるものが、上記の視点にも示されているように「ファシリテーション」であり「ファシリテーター」である。その点についてさらに踏み込んでいきたい。

ファシリテーター

まず、言葉の意味から改めて考えてみよう。

「ファシリテート（facilitate）」とは「容易にする、あるいはむずかしさを軽減すること」という一般的な用語である。そして「ファシリテーション（facilitation）」とは「グループが目標を達成できるように、ファシリテーターが体系的にグループのプロセスの構築と管理をしながら会議を進行させること」だとされている。「ファシリテーター（facilitator）」は、その担い手であり「メンバーの参加を促しながら、グループを導き、グループの作業を容易にする人のこと」だと定義されている。(2)

また、一般的にファシリテーターにはレベルがあり、レベルⅠとして「会議のファシリテーター」、レベルⅡとして「チームのファシリテーター」、そしてレベルⅢとして「組織のファシリテーター」にレベル分けされている。(3)

協働広報の担い手としてファシリテーターをイメージしたとき、ステークホルダーを巻き込んだ、共通の課題解決を目指すプロジェクト型の組織として捉えればレベルⅢに該当するだろう。

協働広報にファシリテーターの役割が大切であることに考え至ったのは、次の理由からである。

一つは、個人としてメディアを活用するスキルは誰もが持ちうる時代になってきたことにある。

つまり、広報の専門性を意識したとき、全体に貢献できる広報の立ち位置を活かすためには、メディアではなく関係をつかさどることができる専門性が求められると考えたことによる。

もう一つは、SRの視点を重視したとき、共益性と公益性をつなぐ存在が不可欠だと考えたからである。相互の利益の両立を志向することは大切だが、それだけでは不十分である。さらにそれが「社会的利益にかなうものである」ことにも考えが及ぶ存在が広報の役割として期待される。それゆえ、広報の再定義の中にあえてそのことを今回組み込んでいる。

ファシリテーションやファシリテーターの存在価値自体、現在の日本では十分な認知がなされ、その必要性が理解されているとはいい難い。まだまだ特別な役割として置かれており、今後開拓され、その価値が認められるためには時間がかかるだろう。しかし、協働広報のようにステークホルダーの関係が幅広く複雑で、しかも時間軸の中で信頼関係を広げていくような高度な取り組みには、前章で紹介した事例のように、優秀なファシリテーターの存在がいないと、容易に実現できないと考えている。

以上、協働広報の担い手として、期待される要件を三つ挙げ説明してきた。三つの要件の関係を示すとしたら、**図4-2**のように表現できる。メディアエコロジストの部分は、従来の広報スキルの発展形として考えることができる。つなぎ手の部分は、協働広報ゆえにとくに期待される

図４－２　担い手の要件イメージ

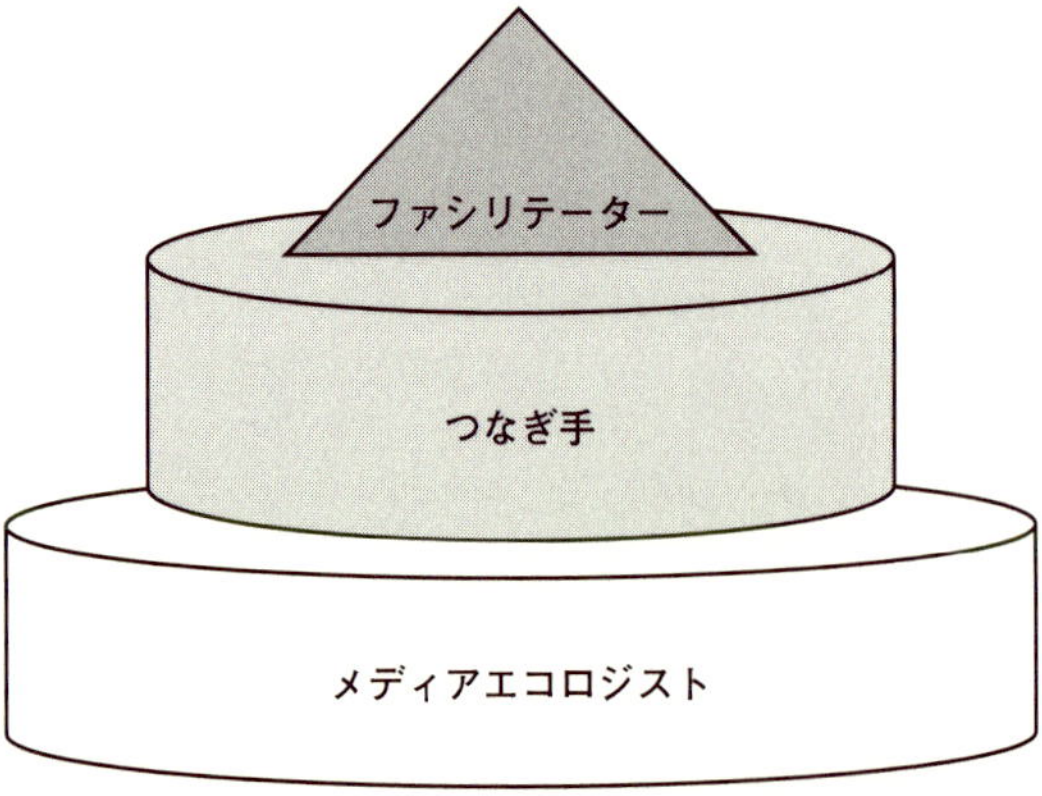

重層化するスキルとして位置づけられる。そして、ファシリテーターの部分はつなぎ手のスキルの中核を占めながらも、これからの広報スキルとして特に期待される新しい領域だと考えることができる。広報の担い手に必要とされる専門性は、従来のメディア・リレーションを中心に置いたものと様変わりしてきた。そのことを明確に示すことができるのは、協働広報という視点に立ったことによる部分が大きい。

さらに、あえて補足するとしたら、「人間的な魅力と影響力」を加えておきたい。

これからの時代において、個人の持つポテンシャルと影響力はますます高まっていくだろう。一方、従来のような地位や立場に依って立つ既存の社会的権威性はますます通用しなくなると考えている。そのような中で、全体を束ね、どのような社会的立場の相手であっても、立場を超えたフラットな関係を広げていくためには、担い手の人間的な魅力と影響力は欠かせない。その人が、どのような視野で社会を捉え、どのような価値づけを広報活動に行い、相手に伝え共感を得ていけるか。このあたりは、ある意味で経営者のような生き様やその人の思想が問われるような、重い役割と責任が求められていると考えることができる。そして、協働広報における担い手に求められるコミュニケーションの質は、それくらいの期待値と重さを伴っているともいえる。

3 広報マインドの特殊性と一般性

本章では、以上のように協働広報の担い手について述べてきた。このことは、従来の広報の担い手に求められてきた要件に見直しを迫り、新しい時代環境の中で、より高次の広報活動を展開していくためには、メディアエコロジスト、つなぎ手、ファシリテーターといった高度な専門的なスキルの方向を描いていく必要性を強調してきたつもりである。

しかし、ここで次の点について、今までの内容を振り返り改めて考えてみたい。それは、冒頭で触れた「広報マインド」を今後どのようにイメージしていけばよいかである。

冒頭（六—八ページ）では、以下のように述べている。

「広報マインド」は一部の業界人やある職種のみに必要な資質ではない。程度の差こそあれ、誰にとってもさまざまな対象とコミュニケーションを取る上で必要なものである。なぜなら、結論からいってしまえば、「広報とは信頼関係を創造すること」だからである。（中略）広報マインドの基本は、「情報開示、対話、協働」であり、その順序性に意味がある。

広報を志す者、担う者にとって、広報という仕事をどう捉えるかは意外と難しい。それは、明確な仕事の形が定まりにくく、状況に応じて臨機応変に影武者のような動きが求められることが多いからである。また、コンサルタントのような立場で「広報のプロフェッショナル」という存在が描かれることもあるが、もともと外部化できる部分とできない部分があり、すべて内部化できる仕事として広報が位置づけられればそれに越したことはない。外部化できる部分は、広報プランの原案を作ったり、多様なメディア制作やメディア・リレーションを代行したりといった、部分を専門特化した分業にすぎないからである。

広報という仕事にとって最も大切なのは、全体性という視点だと考えている。どのような方法で取り組もうが、結果的にステークホルダーとの信頼関係が継続できなければ意味がない。そして、全体性や大きな方向性を支えるものは「広報マインド」であり、より高度な協働広報が期待されることになったとしても、それは常に変わらない部分としてあり続けると見ている。そして、「広報マインド」に求められる不可欠な要素として、当事者意識を挙げておきたい。あくまでも自らの経験に基づく範囲ではあるが、当事者意識のないところには広報は存在しえない。この点は、なかなか仕事として外部化できにくい理由の一つでもある。

つまり、広報とは、どこまでも組織における当事者意識を見失わず、しかもその組織を超えた大きな社会的な目的にかなうことを忘れずに取り組む仕事であり、役割であると考えている。「広報マインド」は、広報にとって常に変わらない姿勢として今後も位置づけられていくだろう。そして、広報の専門性は関係する組織、プロジェクトにおけるテーマの大きさや難易度により鍛え育てられるものであり、置かれたコミュニケーションの環境によって、その具体化や展開の仕方は多様に変わっていく。この点は、ある意味で広報の柔軟な「変化対応力」に当たると考えることができ、広報というものの特殊性につながっている。

一方、冒頭で述べたように「広報マインド」自体は、広報の担い手でなくても多くの人にとって程度の差こそあれ、社会の中でコミュニケーションを取りながら生きていくための「ソーシャルマインド」だともいえる。

ちょうど「教育」というジャンルが、教育を職業とする多くの人を支える見方、考え方であると同時に、家庭や職場などさまざまな場面で、多くの人にとって程度の差こそあれ必要とされる見方、考え方でもあることと似ている。

つまり、広報というものは、必要とされるレベルの違いを除けば、一般性が認められる考え方であり、「広報マインド」は広報の特殊性と一般性を結びつける共通の基本姿勢だと考えることができる。

これからの時代において、誰もが一定の広報マインドを共有することができれば、もっと信頼関係の築きやすい社会になっていくだろう。そして、そのような関係基盤があれば、広報の専門性が発揮しやすくなり、協働広報が多くの場で求められ、興味深い事例が数多く生み出されていくことが期待できる。

まさに今世紀は「協働広報の時代」になりつつあるのではないだろうか。

注

(1) 折原浩『危機における人間と学問』未来社、一九六九、三八、五二―五九ページ。

（2）フラン・リース／黒田由貴子他訳『ファシリテーター型リーダーの時代』プレジデント社、二〇〇二年（Fran Rees, *The Facilitator Excellence Handbook*, John Wiley & Sons International Rights, Inc., 1998）、六ページ。

（3）同上、九ページ。

参考文献

第1章

スコット・M・カトリップ、アレン・H・センター、グレン・M・ブルーム／日本広報学会監修『体系・パブリック・リレーションズ』ピアソン・エデュケーション、二〇〇八年。

Trevino, L. K., Lengel, R. H. & Daft, R. L. (1987) "Media Symbolism, Media Richness, and Media Choice in Organizations: A Symbolic Interactionist Perspective," *Communication Research*, 14 (5).

環境と開発に関する世界委員会『地球の未来を守るために』福武書店、一九八七年。

第2章

草場定男『行政ＰＲ』公務職員研修協会、一九八〇年。

日本広報学会広報史研究会「日本のＰＲ史研究」日本広報学会（二〇〇七年度広報史研究会報告書）、二〇〇八年。

猪狩誠也編『企業の発展と広報戦略』日経ＢＰ企画、一九九八年。

津金澤聡廣・佐藤卓己編『広報・広告・プロパガンダ』ミネルヴァ書房、二〇〇三年。

松下啓一『市民協働の考え方・つくり方』萌書房、二〇〇九年。

第3章

多摩情報メディア多摩らいふ倶楽部事務局『多摩ら・び』けやき出版、一九九七〜二〇一一年。

パートナーシップ・サポートセンター『点から線へ　線から面へ』風媒社、二〇〇八年。

河井孝仁『シティプロモーション』東京法令出版、二〇〇九年。

石坂線21駅の顔づくりグループ『電車と青春　21文字のメッセージ』サンライズ出版、二〇〇八〜二〇一一年。

第4章

折原浩『危機における人間と学問』未来社、一九六九年。
フラン・リース／黒田由貴子他訳『ファシリテーター型リーダーの時代』プレジデント社、二〇〇二年。
Fran Rees, *The Facilitator Excellence Handbook*, John Wiley & Sons International Rights, Inc., 1998.
芦崎治『ファシリテーター　甦る組織』幻冬舎メディアコンサルティング、二〇〇九年。

おわりに

本書を書き終えた今、自分がなぜ「協働広報」なるものに関心を持つようになったのか、少しだけ述べてみたい。

私と広報との出会いは、今から一〇年以上前の一九九〇年代後半に遡る。民間企業でいろいろなキャリアを積んだ最後に出会った仕事が広報だった。最初は、マスコミといかに向き合いメディア・リレーションを行っていくかが主な課題だった。ニュースリリースの書き方をまず学び、日々取材対応をこなしていた。当時マスコミはまだまだ元気があり、ある程度の権威性を保っていた。マスコミの記者というものの存在や癖、特徴を実感したのもこの頃である。

一方一九九〇年代後半は、ひたひたと日本社会にインターネットが浸透していった時期でもある。今まで想像もできなかったようなメディアとしての魅力が社会に受け入れられ、過大ともいえるような期待が集まり始めていた。近い将来マスコミは不要となり、インターネットがあれば何でもできるようになるのではないか。広報の世界でも、インターネットを活用し、企業サイトを通して社会とのコミュニケーションが自由に行えるようになるのではないか。ある意味で、マスコミとは距離を置いて広報活動を行える範囲が広がっていくのではないか、などなど……。

今から思うと、赤面するような素朴ともいえる考え方である。しかし、このような思いは広報という仕事、そしてその世界を改めて考え直してみようという思いにつながり、「コミュニケーション」について研究してみたいという思いに発展した。そして、日本で数少ないコミュニケーションが専門的に学べる大学院に、社会人として入学したのが一九九九年春のことだった。

最初は、事例を通して企業コミュニケーションの中でWebが当時どのように活用されているかを分析した。当時は、インターネットに過大な期待がかけられていたと同時に、パソコンから携帯電話にインターネットの活用環境が広がり始めていた。この研究は、「企業コミュニケーション進化論」として修士論文（二〇〇一年）にまとめられた。論文を完成させた後、感じていたことは、インターネットは便利かもしれないが、それだけでできることに限界があるということだった。もちろん当時は、インターネットは発展途上にあり、ブログもSNSもツイッターもフェイスブックもない時代だった。また、メディアは単なる道具にすぎず、そこにいくら注目しても広報の世界の潮流は決して見えてこないということだった。

そこで、次に関心を持ったのは、企業と社会の関係性だった。企業は、これからの時代の中で社会とどのように関わりながらコミュニケーションを行い、存在し続けていくのだろうかということである。そして、それを考える切り口として注目したのは、企業の社会的責任（ＣＳＲ）である。ちょうど二〇〇三年は「ＣＳＲ元年」といわれ、マスメディアでＣＳＲという言葉が躍っていたが、その少し前から企業の「環境報告書」などＣＳＲへの意識の高まりを象徴する動きが見られていた。

企業が社会との関わりを当時の時代状況の中で改めて考え直し、ステークホルダーとの関係を見つめ直したとき、顧客や株主、そして従業員だけでなく、ＮＰＯやその他さまざまなステークホルダーの存在を発見し意識し始めた。

とくにＮＰＯについては、一九九八年のＮＰＯ法施行以降、着実に育っていく過程の中で、企業はＮＰＯを社会との関わりを深めていく相手としてパートナーシップを組むことにより、さまざまな興味深い試みを展開するようになっていった。景気の変動や規模の大小に拘らず、このような取り組みができる企業は現在も限られてはいるが、ＣＳＲに積極的に関わる企業行動の中に、これからの時代の企業と社会の関係性の方向、そして広報の世界の潮流の方向が、間違いなく示されていると考えていた。このような考えを研究としてまとめたものが、「企業のサスティナビリティとコミュニケーション」（博士論文、二〇〇四年）である。

その後の研究の流れとしては、広報の世界をステークホルダーとの関係づくりとして幅広く捉えたとき、企業広報から関心が離れていった。次に注目したのは行政広報であり、地域におけるＮＰＯのコミュニケーション活動だった。

まず、今までとは畑違いの行政の広報活動を見つめたとき、いくつかの驚きがあった。パブリシティは多くが記者クラブ頼みの形式的なものであり、広報紙（誌）をはじめやたらと広報ツールが部署ごとに作られていた。また予算があれば、テレビやインターネットなど、どんどん活用するメディアの幅が広がっていた。そのことは、ひとたび財政難に陥れば、どのメディアから削減するかといった議論に終始することにつながっていた。

行政広報の研究を始めた二〇〇〇年代中頃は、規模の大小を問わずどの自治体にヒアリングに行っても、広報予算をいかに削減するか、その根拠を何に求めるかに頭を悩ませていた。そして、ようやく広報効果に関心が向かうとともに、多くの自治体において大きな解決方向として「協働」という名の合理化、コスト削減による方向転換が模索されていた。

しかし、「協働」という発想は行政都合の後ろ向きのものであってはならないし、第一主たる協働相手であるＮＰＯにとって失礼な話だと感じていた。ならば、協働という本来の意味を踏まえ、行政に求められる広報のあり方を考えてみようと、行政広報の事例研究を行う中で、ようやく「協働広報」という発想に到達したのである。

ずいぶん長い説明になってしまった。ただ、「協働広報」が単なる行政広報のこれからの大きな方向にとどまらず、企業や他の組織にとっても共有できるものであると考えている。同時に、これからの時代に求められる広報というものの一般性を、自分なりの言葉で明らかにすることも意図している。

本書は、一〇年以上にわたる広報研究のプロセスの中で辿り着いた、自分なりの一つの節目である。また、自分なりの広報に関する実務と研究を踏まえた、これからの時代に向けた広報というもののあり方に対するメッセージであり、提案でもある。

はたして、読者の皆様にどのように受け止められたか定かではないが、本書に対する忌憚のないご意見をいただければありがたく、今後の自身の研究の発展にぜひ活かしていきたいと願っている。

本書の刊行にあたっては、大学院や学会での議論を通して多くの示唆を与えてくださった研究仲間、とくに日本広報学会「行政コミュニケーション研究会」のメンバーに、改めて感謝の意を表したい。また、出版助成をいただいた勤務校である相模女子大学にもこの場を借りてお礼を申し上げたい。そして、本書の編集において多くの助言をいただいた萌書房の白石社長にも大変お世話になった。
最後に、私の四〇代の研究生活において、いつも傍らにいて伴走してくれた今は亡き愛犬はちに、本書を奉げたいと思う。

二〇一一年一二月　多摩湖畔にて

宮田　穣

■著者略歴
宮田　穣（みやた　みのる）

1959年　金沢市生まれ
1983年　一橋大学社会学部卒業
大手印刷会社，教育出版社で，マーケティング・編集・調査・研究・広報など多様なキャリアを蓄積
2004年　東京経済大学大学院コミュニケーション学研究科博士後期課程修了
コミュニケーション学博士（東京経済大学，日本で第１号）
現　在　相模女子大学人間社会学部社会マネジメント学科准教授

専　門
コーポレートコミュニケーション，企業の社会的責任，NPO論，企業広報，行政広報，組織内コミュニケーション論など

主要著作
『広報・PR実務』（共著：同友館，2011年）
『広報・PR概論』（共著：同友館，2010年）
『メディアエコロジーと社会』（共著：北樹出版，2007年）
『広報・パブリックリレーションズ入門』（共著：宣伝会議，2007年）
『サステナブル時代のコミュニケーション戦略』（同友館，2004年）など。

協働広報の時代　〈市民力ライブラリー〉

2012年2月29日　初版第１刷発行

著　者　宮田　穣
発行者　白石徳浩
発行所　萌《きざす》　書　房
〒630-1242　奈良市大柳生町3619-1
TEL（0742）93-2234 / FAX 93-2235
[URL] http://www3.kcn.ne.jp/~kizasu-s
振替　00940-7-53629

印刷・製本　共同印刷工業・藤沢製本

ISBN978-4-86065-066-7